魯金

著

魯金作品集

港人生活望後鏡

總序

香港史研究興起之前，很多本地早期事蹟主要靠掌故保存下來。所謂「掌故」，是指關於歷史人物、社會風俗以及典章制度等的故實或傳聞。記載掌故的文章，或在報刊上發表，或見於文集、傳記、回憶錄中，是研究歷史不可或缺的參考材料之一。至於掌故是否全部確鑿可信，則有賴歷史學家進一步的考索和印證。

本地報紙的副刊，向以內容豐盛見稱，不乏佳作，造就了多位作家、小説家甚至專家學者。以掌故名家的亦復不少，當中的表表者是魯金，譽為香港掌故大家，是實至名歸的。著述繁富，時至今日仍有可供閱讀和參考的價值。

著名報人和作家

魯金（1924–1995），原名梁濤，祖籍廣東省雲浮市新興縣，生於澳門。以筆名魯金為人所熟知，其他筆名包括魯言、夏歷、魯佳方、老街方、三繞、夏秋冬等。從事新聞事業逾半個世紀，早年曾經在省、港、澳及戰時的韶關各大報章擔任編輯和撰述工作；抗日戰爭勝利後，定居香港。

魯金長期留意香港史事，對人物掌故和時代變遷瞭如指掌，寫成多篇文章，部分輯成專書。他為廣角鏡出版社編著《香港掌故》，總共出版了十三集；又為三聯書店主編「古今香港系列」叢書，當中有幾種是他自己的作品。1992 年，為市政局編寫《香港街道命名考源》和《九龍街道命名考源》。

主編「古今香港系列」

　　1988 年，三聯書店開始出版由梁濤主編的「古今香港系列」，是認識香港百多年來歷史進程和社會發展的一套重要叢書，備受注意，廣泛流傳。當中《港人生活望後鏡》、《粵曲歌壇話滄桑》和《九龍城寨史話》都署「魯金著」，是他比較重要的專書，視為代表作，似亦未嘗不可。《港人生活望後鏡》介紹了昔日香港流行的生活方式和習俗，包括飲食、時裝、娛樂、中藥等行業，及曾經流行一時的俗語等。《粵曲歌壇話滄桑》系統地敍述粵曲歌壇不同階段的發展，及早期粵曲歌伶、名曲玩家的生平逸事。《九龍城寨史話》搜集了大量歷史材料，並進行實地考察，是了解九龍城寨的基礎讀物。

　　講述港九各個地區街道的故事，魯金亦優以為之。《香港中區街道故事》和《香港東區街道故事》，均署「夏歷著」，街名來歷及相關事蹟，娓娓道來，除非是老街坊，否則是未必知道的。後來三聯書店編印「香港文庫·新古今香港系列」，除重印《香港中區街道故事》、《香港東區街道故事》外，增出《香港西區街道故事》、《九龍街道故事》、《新界及離島街道故事》，均署名「魯金」。港九、新界齊備，魯金走遍全港是名不虛傳的。

編著《香港掌故》

1977 至 1991 年，廣角鏡出版社出版了《香港掌故》十三集，前三集都是魯金的文章，總共四十三篇。當中有不少文章講述香港的百年發展，如第一集的〈百年來香港幣制沿革〉、〈百年來港澳交通史〉，第二集的〈百年來香港中文報紙版面的變遷〉，第三集的〈百年來香港新年習俗沿革〉和〈百多年來省港關係發展史話〉。

魯金講掌故，比較重視歷史脈絡和時代變遷，例如第一集就有〈香港食水供應史〉、〈香港稅收史話〉、〈香港海盜史略〉、〈香港嚴重的風災史〉等，第二集有〈香港的貪污與反貪污史〉和〈馬年談香港賽馬史〉，第三集有〈香港和中國邊界交通史〉和〈百多年來省港關係發展史話〉。也有關於重要歷史事件的，包括〈五十年前的香港大罷工〉、〈香港淪陷與香港重光〉之類。

第四集起，每集只有一至四五篇署名「魯言」的文章，重要的有〈耆英在香港〉（第四集）、〈香港華人社團的發展史——三易其名的香港中華總商會〉（第五集）、〈香港清末民初武術發展史話〉（第十一集）等。十三集合共有署名「魯言」的文章六十多篇，內容包羅萬有，謂為百科全書式的香港掌故家，亦日得宜。第二集中〈關於處理香港歷史資料的態度問題〉，頗可注意；第六集中有吳志森的〈魯言先生談《香港掌故》〉，有助加深了解。

其他著作與文獻材料

魯金還有幾種著作。1978 年廣角鏡出版社出版《香港賭博史》；1990 年代次文化堂出版包括：一、《香港廟趣》；二、《妙言廟宇》；三、《香江舊語：老派廣東話與香港民生關係概說》；四、《魯金札記：中國民間羅漢小史》。

總的來說，魯金掌故之所以有分量和特色，主要有幾個原因：第一，有新聞觸角和歷史眼光，而且能夠兩者兼顧；第二，文獻材料加上實際考察，既能互補又有互動；第三，香港事物配合中外發展，洞悉時代環境的變遷。鄭明仁在《香港文壇回味錄》（天地圖書有限公司，2022）中，稱魯金為「香港掌故之王」。

香港中央圖書館香港文學資料室設有「魯金文庫特藏」，從中可見魯金生前收藏的書刊、文獻和剪報材料等，這對於研究一個作家的生平與著作，是十分珍貴和有用的。隨着魯金大量作品的重印及整理結集，他在本地掌故方面所作出的努力與貢獻，相信可以得到更多肯定，亦有助於香港研究的深化和發展。

周佳榮

香港浸會大學歷史系榮休教授

2022 年 12 月

目錄

前言

較早前，香港無綫電視翡翠台拍了兩輯《香港倒後鏡》，請我擔任節目顧問。該節目製作十分認真，其中很多現場畫面，都是由我帶同編導到港九新界各處實地拍攝。這兩輯節目播放後，結果均有很高的收視率，足見香港地方史的話題頗受社會人士重視。

記得有一位資深的汽車駕駛教師（即俗稱的「教車師傅」）曾經對我說，汽車前面兩側和車廂內的鏡子，應該稱為「望後鏡」而不是「倒後鏡」。要知道，汽車向前行駛的時間多於向後倒退。當汽車前進時，駕駛者必須經常留意後面的交通情況，而這三面鏡子，主要是幫助望後而非倒後。他這一番話，就成為本書書名來源的啟發。

在現實生活裏，當我們在前進時候，不但要「向前看」，還要適當地「向後看」，這就是回顧。本書各個章節，均對港人生活上的多個層面作出回顧。讀者透過本書可以回顧從前香港人的各種生活方式，猶如坐在不斷前進的現代化的汽車裏，眼矓望後鏡，看到已成過去的一幅幅景象。如果這樣「向後看」能助你溫故知新，那便是《港人生活望後鏡》的出版旨趣。

本書最精彩的部分，是關於昔日兒童遊戲的章節，作者以珍貴的圖片配合輕鬆的文字，不僅讓讀者回憶或瞭解香港在經濟未起飛時，儘管物質條件有限，但當時香港的小朋友仍有供他們娛樂玩耍的小天地。同時，也可以讓今日的兒童認識到父母和長輩在孩提時期如何玩遊戲，而對那些並不珍惜手中新款玩具、喜新厭舊的小朋友，當有所啟發。

關於飲食方面，作者則着意於敍述過去飲食行業的規模及探討一些食品命名的緣起，例如「揚州炒飯」和「及第粥」等至今仍流行的馳名食譜。究竟它們是怎樣得名？書中自有詳細敍述。

小販乃商業社會的一環，儘管有人大叫「取締小販」，但事實上小販是無法絕跡的，除非香港不是一個自由的商業社會。本書所介紹的一些從前流行的小販行當，後來由於香港社會進步，迄今許多已經絕跡。這一章的內容，亦可提供研究香港的小販問題者參考。

語言也是生活的一部分。由於社會向前發展，生活方式不斷改變，於是一些曾經廣泛流通的俗語，也許它們的意思並不為現時一些朋友直接明白，但卻被以往香港普羅大眾説得口沫橫飛，而箇中又不乏得意傳神的佳作，趣意盎然。此外，讀者不妨留意，作者特別用功於分析俗語，及將之與當時的生活結合，充分反映俗語是由現實生活和社會風氣所引起。換言之，當舊的社會風氣和生活方式改變了，遂又出現另一批新的地方俗語。要瞭解昔日港人生活，舊的俗語自然不可忽略。

梁濤

一九九〇年九月

香港酒樓食肆的掌故

早期酒家「杏花樓」

　　杏花樓是香港早期的一家酒樓，它開設於一八四八年，到一八九四年仍然是香港第一流的酒家。據悉，當年孫中山先生常在杏花樓集會，商議革命事宜。這家酒樓在水坑口妓院遷往石塘咀後才告停業。至於酒樓的老闆是誰？據說自一八四八至一八九四年這四十多年中已換過多個老闆，故不可考。但香港酒樓管理制度起於這家酒樓，則是戰前酒樓業元老所公認。

　　一八四九年即道光二十九年，何紹基任廣東主考官，他曾趁此機會乘大輪船來香港及澳門一遊，遊罷曾作長詩一首，題為〈乘火輪船遊澳門與香港作〉，注云：「往返三日，約水程二千里」，其詩云：「火激水沸水轉輪，舟得輪運如有神。約三時許七百里，海行更比江行駛。不帆不篙唯恃爐，爐中石炭氣燄粗。有時熱逼頗難避，海風一涼人意蘇。一日澳門往，一日香港息。澳門半華夷，香港真外國。一層

清末時期香港一家茶樓內景

坡嶺一層屋，街石磨平瑩如玉。初更月出門盡閉，止許夷車莽馳逐。層樓疊閣金碧麗，服飾全非中土製。止為人人習重學，室宇車船等儀器。其人醜陋肩骭修，深目凸鼻鬚眉虯。言語侏離文字異，所嗜酒果兼羊牛。漸染中華倉聖學，同文福音資考諏。謂余書有辟邪用，試懸老拏驚群酋。平生足跡遍行省，今日得此韻外遊。萬怪魚龍窺醉墨，近仙樓與杏花樓。」

　　何紹基在此詩中自注云：「近仙樓在澳門，杏花樓在香港。」可見一八四九年，杏花樓已成為上流社會飲宴的高級酒樓。

何謂「檳芥」？

　　現時香港很多酒樓在餐桌上都寫上「茶檳芥免」四字，這四個字是說免收茶錢，免收檳和芥的費用。茶錢，大家都明白；至於檳和芥，就不是人人都明白了。「芥」是指芥醬，即芥辣醬和辣椒醬。至於「檳」，那是檳榔。酒樓酒家不設檳榔已有四十多年，但至今仍用檳芥二字，可見連一些酒樓業的從業員，亦不知檳是指檳榔，他們以為「檳芥」是一物。

　　戰前在大酒家擺酒，酒席上例設四個小碟，兩個小碟盛載芥醬，兩個小碟盛載檳榔。檳榔是鈒成小三角形的，同時是經過製煉的，顏色為黑色，據說是經過油炮製成。以前香港酒樓的酒席，檳榔和芥醬是另外收費的，不在菜單的費用之內。據說這是屬於夥記的「下欄」，相當於現時流行的「加一小賬」；

但當時的檳芥收費不會等於酒席費的一成，僅大約等於酒席費的百分之二而已。

　　在酒席上擺設檳榔，是廣府人的風俗習慣。凡說廣府話地區，都在酒席上擺設檳榔，香港是廣府話地區，故亦設檳榔。筆者戰前到廣西廣府話等地區去飲宴，如梧州、容縣、桂平、陸川等地，仍見席上設檳榔。這因為自古以來，廣東原居民以檳榔為尊敬賓客的食品，凡貴客到來，即奉以檳榔。這種風俗，自秦漢以至於民國維持不變。故此飲宴席上，設兩碟檳榔，是表示主人對賓客的尊敬。

　　檳榔能幫助消化，飲宴時嚼一口檳榔不怕積滯，這也是在席上設檳榔的原因。但是，檳榔很硬，而它的味道是澀苦的，年輕人不喜吃，故到了四十年代，已不設檳榔。

酒樓自創簡體字

　　酒樓酒家有一套行內的簡體字，從這批簡體字的公開流傳，亦可知酒樓酒家是從小規模開始發展起來的。現時酒樓酒家的菜譜簿，寫的都是繁體字，但在落單的時候，全用行內的簡體字，這些簡體字自賬房到廚房，人人都認識。我們在座上成為食客，不知道內部用簡體字傳遞信息。只有到下級飯店，才會見到簡體字寫在粉板上面。

　　酒樓業通行的簡體字有以下幾種：以「才」作「菜」，以

「元」作「薳」，以「更」作「羹」，以「云」作「雲」，以「面」或「丏」作「麵」，以「南」作「腩」，以「求」作「球」，以「旦」作「蛋」，以「九」作「韮」或「枸」，這是以同音或近音的字代替繁體字。

另一種是用符號、別字代字的，例如「○」代「檸檬」，「甲」為「鴨」，「△」為「角」，「╳」為「叉燒」，「正」為「蒸」，「米王」為「粥」，「反」為「飯」等等。

這些字體通行已有數百年，起初是在飯店及路邊的客店的食堂上公開標示。在三十年代，仍有很多飯店在牆邊的寫菜譜的黑板上寫上這些字體，不僅飯店的樓面和廚房懂得，就是經常光顧的食客亦懂得，例如「才元朱什」，大家都知道這是菜薳炒豬雜的菜式，例如「正鵝」，大家都知道是「蒸鵝」，「○甲湯」就是「檸檬鴨湯」。

據一位酒樓業前輩說：從前教育未普及，酒樓從業員和食客識字有限，飯店只能用最簡單的字體列出菜譜，食客亦瞭解這些字體，因此形成了一套行內的簡體字。雖然在高級的酒樓已不在食堂上使用這批簡體字，但在樓面與掌櫃，仍用它來書寫，以提高效率。

「候鑊」「砧板」分工細

香港茶樓酒家的製作部都設在廚房，廚房的大小和酒家的

店位互相配合，座位多的，廚房所佔的面積亦相應擴大，若兩者不配合即出現很空或不足兩大問題。座位多而廚房細，供應食品不足；廚房大而座位少，則浪費了租金和工資。是以經營酒樓茶室者對兩者都懂得如何配合，這是該業積有多年經驗而成的。

茶樓酒家的廚房，以灶頭多少來決定所供應的食品是否足夠應付樓面所需。爐灶是製作食品的生產工具，爐灶分蒸、炒兩個部分。有些爐是用來蒸燉食品的；有些灶頭則用來煎、炒、炸、焗、炊、燴的。蒸燉食品用蒸鍋；煎、炒、炸、焗則用鑊。鑊和鍋同一類，故負責這些灶頭的製作者稱為「候鑊」；即侍候鍋鑊的人，他們就是我們所稱的廚師。

廚師只侍候鍋鑊的製作部分，但一道菜需要很多的材料才能製成，假如一個極普通的菜式，像腰果炒肉丁，這道菜要有腰果、肉粒、葱花、薑片、菜粒或勝瓜粒等材料；這些材料要經過切割等工序才能完成，因此便要分工。切割材料另由專人負責，這些負責整理和切割材料的工作人員，在切肉、切菜時必須用刀在砧板上進行，因此行內用語便稱他們為「砧板」。故廚師的製作部大略分為「候鑊」和「砧板」兩個部門。「候鑊」廚師只負責炒製，「砧板」則負責將所有材料整理。整理好材料之後，他們還負責將材料根據菜單所需的份量逐一撿齊，放在盛器內，以便送到廚房的工作位去，供廚師炮製，這工序叫「執碼」。

昔日的傳菜制度

香港早期酒樓的面積並不大，最大的酒樓亦只能筵開二十席；其後發展至可筵開三四十席，以至六十席。是以大酒席的管理，是由筵開二十席時展開的，有了管理二十席的基礎，才能管理筵開百席，否則一但面對千多人的大宴會，便會「攪到亂晒人籠」。

香港寸金尺土，一家筵開二十席的酒樓，擺上二十桌酒席之後，所餘的通路無多，而且酒樓亦不能聘用太多的人手來管理樓面工作。它不同內地因地方多、人工平，可一席酒用一專人侍候，用一傳菜員上菜。香港只能用一管二或一管三的方法管理樓面。是以管理大酒席時，有如遣兵調將。

現時酒樓傳菜有「點心車」可供使用。在十九世紀時，香港的酒樓尚未有「點心車」可供利用，於是對傳菜員的要求，是要一個人能用雙手托穩一個大托盤，而盤上能放下四個大翅窩為本。一窩紅燒雞絲翅，瓷窩連翅約重五斤；四個窩，即二十斤。傳菜員的手力，能托起這二十斤的重量，而又要求窩內的湯水不濺出為原則。這樣，二十席的酒席，只用五個傳菜員即可應付。

傳菜員雙手托着重二十斤的熱烘烘的菜式，從廚房口運到堂上，而且又不能停留太久，因此便要有一張枱，供傳菜員將菜式放下。於是二十席酒，用五個傳菜員，便要分設五張停菜的枱。這樣，即等於一張停菜枱，管四席酒；每四席酒，用兩

個樓面管理。當傳菜員將四盆菜放在停菜枱上，兩個樓面各捧一道菜到所管的四席酒席中的兩席；捧完兩席，再捧兩席，這樣菜很快便上桌。

在未有發電廠的年代，一間酒樓的廚房是設在地下的後座。怎樣將廚房製作好的菜式送上二樓和三樓去？這也是屬於管理的範疇。當時大酒樓利用轆轤的原理，在廚房與堂座交界的牆邊，自地下至三樓設一木架；木架上置一可盛載多個大型碗碟的花盆；利用繩纜連接轆轤，可以把這托盆扯上三樓、二樓，亦可從二樓、三樓扯到下面去。於是，在二樓和三樓的牆邊，鑿開一個窗口；當廚房製好一道菜式後，看見桌面寫上二樓的，就把托盆扯上二樓去。在這個傳菜的轆轤架旁邊，有一個手拉的銅鈴；當傳菜的托盆送到二樓的窗口，下面的傳菜員，便拉動那個銅鈴；二樓的傳菜員，便知道有菜式送到二樓來，遂把托盆內的菜式取出來，依照貼在碟邊的單面所寫的枱號，送到客人的桌上。這種傳菜制度，行之凡數十年。那種轆轤木架可以説是酒樓最原始的升降機。

傳菜制度是大型酒樓的基本管理制度，這制度不完善，將影響酒樓的營業。在十九世紀時經營酒樓業的人士，已體驗得出來。很多酒樓是由於傳菜制度不妥善而告停業的，原因是客人點了菜式之後，便希望馬上有得吃。故管理妥善的酒樓，都能有條不紊地把菜式送到客人面前。若管理不善，客人等得太久而仍未見有菜式送來，自然不耐煩，以後就不會再來光顧。傳菜制度由「分單執碼」到「跟單起菜」，而至分樓傳菜，都是一系列的管理方法。當然，除此之外，還有其他的管理措施，

例如大酒席時，怎樣傳菜，都是有其不簡單的做法。

「八珍」與「雞茸」

　　香港酒家上的菜譜，常見很多菜名之上冠以「八珍」二字，其中最具代表性的是「八珍扒鴨」和「腰果炒八珍」，或「八珍豆腐」。「八珍」是一種配菜的配料，可從菜名上看得出來。

　　「八珍」通常一定有雞腎和雞肝，也有鮮魷魚、菜、蝦仁。但並不一定有八種不同的材料，才叫「八珍」的。其實所謂「八珍」即是「雜會」，那是將各種配料揉合起來的總稱。冠以「八珍」二字，其中「八」字形容多，「珍」即作為山珍的總名，其代表物則為雞腎，並非「山珍海錯」的山珍。

　　雞腎和鴨腎的「腎」字，讀「申」字第三音，是低沉的聲調。在鹵味檔上，有鹵水雞腎和鹵水雞肝；通常這兩種鹵水材料配為一碟，即鹵水「腎」肝。由於「腎」字聲調太沉，叫起來不響亮，在早期的飯店和晏店，甚至茶樓，都是用高聲叫喊，叫掌櫃落單的。大凡在叫喊的時候叫不亮響的字，都要改為響亮的字音，以方便聽得清楚。因此叫「鹵水腎肝」時，將「腎」字叫作「珍」字，而成「鹵水珍肝」。

　　因此，現時酒樓稱「珍肝」的，是雞腎和雞肝的混合體。一碟鹵水珍肝，裏面有鹵雞腎和鹵雞肝；其中的「珍」字，就是「腎」字的變音，而不是山珍的「珍」。

　　由於「珍」即是「腎」，因此「八珍」的配料上，一定有雞腎。通常負責執配料的切手（俗稱「砧板」），要將雞腎切成腰花。一個「八珍扒鴨」或「八珍豆腐」，切成花球狀的雞腎，便十分突出；它在整道菜的配料上，使人一眼望去，首先就見到這個「腎花」。所謂雞腎，其實是雞的胃，並非雞的腎臟。

　　有一個菜式，名為「雞茸粟米湯」，粟米是玉粟黍的玉米，大家都已知道；但是「雞茸」，則並非用雞肉剁成肉茸，倘若你叫一客「雞茸粟米湯」時，看見它裏面沒有雞肉，向侍應生提出質問，就會成為惹笑的對話了。

　　「雞茸」是指雞蛋，故「雞茸粟米湯」實際上是「雞蛋粟米湯」；它是用雞蛋和粟米煮成的湯，至於為什麼雞蛋會變為雞茸，其中有一段掌故。

　　用雞蛋來「滾湯」，原有一味「蛋花湯」，是用雞蛋將蛋黃和蛋白拌勻，放在開水內滾熱，然後加些葱花油鹽而製成，是一味廉價的菜式。它通常在下級飯店內出售，不會在酒家酒樓出售的。由於蛋花湯只得少許蛋花浮在湯面，用湯匙澆吃，很快就變成一碗白開水。故俗有「水汪汪蛋花湯」之諺，用以形容一些不實際的事物，所以不少酒家酒樓，都不賣「蛋花湯」。

　　相傳香港有一位孤寒財主，這位財主佬有一座大廈租了給一間酒樓。那一年租約將近期滿，他要加租；酒樓主人說生意難做，請他略加多少。其實當年香港經濟衰退，孤寒財主亦知道不能加得太多的租金，故假惺惺地說：「好吧，就照你的意思加租，不過，你要開一張菜單來，為我擺三十桌酒席；免費請我的屬下員工飲一餐。」酒樓主人便開了菜單，其中有一味就

是「雞茸粟米」，自然還有其他的菜式。孤寒財主見到菜單上有雞、有蟹、有蝦、有魚，頗為滿意，於是便簽了租約。到孤寒財主請飲時，竟是「蛋花粟米湯」。財主問店主：「何以用蛋花當雞茸？」店主說：「茸即是碎毛，這個菜，是雞蛋碎滾粟米湯，並無不對。」

真假「地方菜」

有很多食譜是用地名來命名，而又確實用當地的食譜炮製的。換句話說，這種食譜的確是從命名地傳來的，例如「大良炒鮮奶」這一菜譜即是。

大良是順德縣城，順德縣是珠江三角洲中的一處魚米之鄉；也是珠江三角洲中，最懂得利用地形特點作循環生產的地區。當地鄉人利用魚塘的塘基種桑，以桑葉養蠶，用蠶糞養魚，大收魚、桑、蠶之利。是以鄉人收入較佳，而收入多便講究提高食物的水平，創出很多通行的食譜，「大良炒鮮奶」是其中特有食譜之一。

大良在明末清初已有養乳牛、擠牛乳的行業。這個行業利用牛乳來製乳酪，同時亦以鮮牛奶供人飲用。由於有鮮奶的供應，鄉人亦用鮮牛奶來作食譜，創出「大良炒鮮奶」的製法。

順德又盛產烏杬樹。烏杬樹的烏杬，是比青色的白杬大很多的。烏杬成熟後，鄉人將烏杬肉切開成兩段，壓平用鹽醃曬

而成杭豉；因它壓平時成三角形，故杭豉又稱「杭角」。烏杭剝肉後的杭核，剖開內有杭仁，是以順德也產杭仁。「大良炒鮮奶」所用的材料，都是取材於當地的土產；除牛奶外，杭仁是主要材料。

這個菜是用雞蛋白和鮮牛奶作材料。炮製時，先將杭仁炸熟，再加調味於鮮奶與蛋白中，用來炒杭仁。在順德縣內，家家戶戶都會製這一款菜式，初時只叫「杭仁炒牛奶」，並無冠以「大良」之名。

後來，因順德人來省港澳謀生的漸多，為了表明炒牛奶是順德人採製的菜式，故冠上「大良」一名。

有幾位朋友是揚州人，他們在揚州長大，在揚州讀書和做事。他們來到香港，在粵菜酒樓內看到「揚州炒飯」的食譜，以為是家鄉食譜，於是叫一碗來吃，吃過之後，卻不禁問：為何在揚州從未吃過這種炒飯？難道揚州的廚師，已失傳了這個食譜？

相信很多人都不知道「揚州炒飯」並不是來自揚州的。「揚州」只是一種材料的名稱。「揚州」是鮮蝦和叉燒兩種材料的共稱，用叉燒和鮮蝦為主要材料所製的食譜，便冠以「揚州」之名，它本來在廣州流行，其後才傳到香港。

從前有「揚州炒蛋」、「揚州窩麵」、「揚州菜薳」等食譜，現在僅存「揚州窩麵」一款，但已可以作為鮮蝦與叉燒兩種材料並稱「揚州」的證明。「揚州炒飯」是用鮮蝦和叉燒加蛋作材料的一款炒飯；「揚州窩麵」的材料，也是少不了叉燒和鮮蝦的。以前的「揚州炒蛋」就是叉燒和鮮蝦炒雞蛋，「揚州菜薳」

是用菜薳炒鮮蝦和叉燒。

　　為什麼叉燒和蝦仁兩種材料合稱為「揚州」？據說在光緒年間，廣州已有淮揚食店開設；其中以「聚春園」最有名。「聚春園」有一個「揚州窩巴」，是用蝦仁、叉燒和海參等材料炮製飯焦，頗為著名。當時廣州的粵菜廚師，也像今日香港廚師一樣，經常到各種食店去參考他人的食譜，以取其精華，創造新的食譜。其中大三元酒家的廚師，吃過之後，認為粵菜沒有鍋巴的，把鍋巴改為飯，用揚州鍋巴的材料，肯定比飯焦更好味。於是使用鮮蝦和叉燒試炒白飯，炒起來果然好吃。其後又用海參、叉燒、蝦作為窩麵的材料，也稱「揚州窩麵」。於是，以後用叉燒、鮮蝦仁為主要材料的食譜，便冠以「揚州」之名。

「京都」原來是「燒汁」

　　現時很多快餐店都有「京都排骨」出售，每條售六元左右。這是一種出現於香港不過幾年的食品；在此之前，酒家亦有「京都排骨」此一菜譜，但酒家的「京都排骨」不是長條的，而是斬碎的，其味道和顏色都和快餐店的「京都排骨」相同。

　　相信到過北京旅行的人，或到過日本京都去旅行的人，都不曾在該處吃過「京都排骨」，可見「京都」不是地名，「京都排骨」不是來自日本的京都或中國的京都。因為「京都」雖是地名，卻不是該地所創的排骨；它其實是指一種「燒汁」。

「燒汁」，廣府人稱之為「芡」，它是用來調味的醬狀物。每種菜式都用不同的「燒汁」來調味，而「燒汁」的材料亦極多，用名叫「京都」的「燒汁」調味的排骨，即叫「京都排骨」。

最先使用「京都」燒汁的食品，是「京都炸醬麵」。這是廣州廚師從京津菜館的「炸醬麵」中學來的，但又並非照樣搬來，而是將它變化而成。因它來自京津菜館，所以將「炸醬麵」中所用的「燒汁」，稱為「京都」。

「炸醬麵」的「炸醬」是紅色而味帶酸甜的，這是「燒汁」所起的調味作用。凡用這種「燒汁」製造的食品，都冠以「京都」之名；故用此種「燒汁」製成的排骨，便叫「京都排骨」。用這種「燒汁」製成的其他食譜，亦都冠以「京都」之名；例如用「京都」汁來蘸炸雲吞，亦名「京都錦鹵雲吞」；用這種「燒汁」來炒麵，就稱為「京都錦鹵炒麵」。從前有些燒臘店，有「京都椒醬肉」出售，是用瓦盅載着的，這種椒醬肉也是用「京都」燒汁來調味的，故冠以「京都」之名。

出自名門的「五蛇羹」

香港很多粵菜酒樓都設有蛇宴，蛇宴中照例有一款「太史五蛇羹」。這種蛇羹冠以「太史」的銜頭，而且已成為香港流行的一款食譜。除蛇宴例有「太史五蛇羹」之外，其他賣蛇羹

的，亦都加上「太史」二字，而名為「太史蛇羹」。

究竟「太史」是指什麼？為什麼在蛇羹上面又加上「太史」之名？這就得研究「太史蛇羹」的起源。

「太史」是科舉時代對翰林的尊稱。在清末，廣州河南江家，有一位叫江孔殷的人中了翰林，因此人人稱他為「江太史」。江孔殷自稱是食家，而他事實上又是最喜歡研究飲食的人。他常在家裏宴客，尤其是喜愛宴請官紳名流，是以他家裏的廚師亦是一位好廚師。這位廚師常常運用心思創新食譜，以便江太史在宴客時讓座上食客誇耀太史公「識食」；江孔殷也時常向賓客大談食經，說某些食品加某些食品既能滋補，而又滋味無窮。

清末至民初，所有的官紳名流大都有三妻四妾的；江太史也不例外，是以在宴會上每多滋補的菜式。在冬天宴客時，他照例設有極富滋陰補腎功能的蛇羹奉客，這種蛇羹除用五蛇肉外，並有貓肉和雞肉，更有花膠、冬菇、鮑魚、雲耳。這些都是滋補的食品，製成的蛇羹自然令賓客覺得特別有益。當時在廣州的社會名流中，不乏經營大園林酒家的；這些名流便按照在江家吃過的蛇羹的製法，在自己的酒家出售。同時，並刊登廣告，說明這種蛇羹是照江太史的蛇羹製法而烹製，故名為「太史蛇羹」。

香港的大酒家，看到省報宣傳「太史蛇羹」，便立即效法炮製（也稱「太史蛇羹」），這樣，「太史蛇羹」之名就流行起來。

「及第粥」討好意頭

　　從前，香港人為兒童慶祝生辰的方式，和現時的不同。現時兒童如在幼稚園讀書，會有生日會之設。父母為子女慶祝生辰，也會買一個生日蛋糕，給兒童切生日餅。從前為子女慶祝生辰快樂，無論貧富，都會帶他們到粥店去吃一碗「及第粥」。

　　兒童生日吃「及第粥」的風俗，是開始於科舉時代。因為那個時代的父母，多寄望兒子能在科場上出人頭地，科場上最成功的就是「狀元及第」。吃一碗「及第粥」是討一個好意頭，希望兒子將來「狀元及第」。初時本是只有男孩子生日才吃「及第粥」的，後來廢科舉而興辦學堂，女子也上學堂；因此女孩子生日，父母也帶她到粥店去吃「及第粥」。那時，吃「及第粥」之意雖不是希望能考中狀元，但也希望他們勤力讀書，考試名列前茅。

　　由此可見，主要是由於「及第粥」的名字改得好。假若這種粥品不名為「及第粥」，便不會成為兒童生辰必吃的粥品了。那末，為什麼這種粥名為「及第粥」呢？

　　研究起來，這是屬於食譜學範疇的學問。「及第」一詞，最先並非出現於粥品店的，而是出現於飯店及酒家的。酒家飯店有「炒及第」和「青菜及第湯」兩個食譜，而後來有粥品店採用飯店酒家的「炒及第」和「及第湯」的材料來煮成粥品，才稱之為「及第粥」。

　　據一位飯店的老職工說，「及第」的材料其實是豬雜。豬雜

包括豬肝、豬腰、豬肚、豬腸等物，這些豬雜通稱為「雜底」；「炒及第」是炒「雜底」的雅稱。原來，豬雜中的豬肝和豬腰，可另起食譜，例如「炒豬潤」、「炒腰花」等。炒「雜底」不限於某一種豬雜，故「炒及第」有時會缺少一兩種豬雜，例如有肝無腰，有腰無肚；若缺少太多，則以加添幾片豬肉來湊成。

「招牌飯」的起源

目前，香港仍有些飯店的食譜上印有「招牌飯」一款菜式，售價和普通飯品相同；這個「招牌飯」其實是由當年的「三星飯」演變而成的。

由於茶樓飯店各以抵食夾大件的「三星飯」招徠食客，而各家茶樓飯店所用的「三星飯」的材料又各不相同；但求用三種不同的肉類，便稱為「三星飯」。有些用叉燒、油雞、燒鴨作為「三星飯」的材料；亦有用燒肉、燒排骨、燒腸的，或臘肉、臘腸、膶腸作為「三星飯」的用料。總之，各家的「三星飯」的用料不同。有時，同是一間茶樓的「三星飯」，早午晚所用的材料都不一樣，原因很簡單，比方當雞賣完了，就用別種肉類代替；只要有三種不同的材料合成，便可煮成「三星飯」。總之是合乎經濟抵食的原則，有三種材料的就是了。

由於各家茶樓各有字號，這種飯品是屬於「賣招牌」的飯品，為免食客指責為什麼中午吃「三星飯」有雞，晚上吃「三

星飯」無雞，茶樓飯店於是把「三星飯」改為「招牌飯」，意思是説，這是賣招牌的食品，利錢甚微，以相等於「三星飯」；但不規定用三種什麼佳餚，識者光顧。

「招牌飯」一直流傳到今日，大部分茶樓飯店現時的「招牌飯」，仍是保持「三星飯」的規格；即有三種不同的佳餚放在飯面上。同時，它又是最經濟、最抵食的飯品。至於是否最薄利，則不得而知了。

由於「招牌飯」有賣招牌的意義，通常一碗或一碟「招牌飯」都會較其他飯品便宜。因此，除了中式飯店和茶樓有「招牌飯」之外，連西餐室也有「招牌飯」。不過西餐室的「招牌飯」是用餐室的名字命名。

正宗「糯米雞」

現時酒樓茶市都有「糯米雞」供應，連快餐店也有「糯米雞」出售。但今日這些「糯米雞」，都不是真正的「糯米雞」，只可稱為荷葉包糯米飯而已。

今日的「糯米雞」，是先煮熟一窩糯米飯，然後將荷葉攤開在工作枱面，先把一塊糯米飯鋪在荷葉之上，然後將雞肉及其他餡料放在上面；再將一大塊糯米飯鋪在上面，以糯米飯包裹飯餡，最後包以荷葉而成。今日的「糯米雞」，是各種材料都已煮熟的，包好之後再蒸熱便可供應市場。故實際上是「荷葉

包糯米飯」，而不是真正的「糯米雞」。

　　真正的「糯米雞」比現時的「糯米雞」細隻很多，製法是把生糯米浸透，用包糭子的方法製成。它們不同於糭子的是，糭子是用草綁綑，放在水裏來焗。正式「糯米雞」則不用草繩綁紮，只要包好了，便可隔水蒸熟。因此真正的「糯米雞」不能太大隻，否則不易蒸熟。同時因不用防腐劑的硼砂，故不能隔夜，要即日蒸，即日賣。但它卻比糭子味美和有益，糯米在蒸熟成飯時，餡內的雞汁滲入糯米飯內，特別好味。

　　就記憶中，香港有這種正式的「糯米雞」出售的酒家，是隨園酒家。隨園酒家位於石塘咀的德輔道西，是香港唯一的真正園林酒家；在「塘西風月」時期，它是一間著名的酒家。這家酒家的「糯米雞」是香港正宗「糯米雞」的發源地，但正宗「糯米雞」並非香港發明的（廣州才是正宗「糯米雞」的發源地），只是隨園酒家主人，在香港首次用廣州傳統「糯米雞」的製法，在本地推出而已。

名廚登堂辦家宴

《舊都三百六十行》裏有一則「散包廚子」的掌故，值得先引錄然後再比較，原文云：

> 舊社會有許多廚師傅，有手藝而無職業，當了「散包廚子」。
>
> 他們在自己家門口張貼招牌，上寫「某寓，專應喜慶堂會，承做各種酒席」字樣。為了招攬買賣，每天清晨要到茶館（名為上街口或口子），以喝茶為名打聽生意。遇有僱用者，即挾起包袱，內有圍裙、套袖、護襪、揸布[1]、菜刀等來到辦事的住戶家。
>
> 散包廚子給人家做席，分為兩種，一種是由本家提出怎樣預備，每桌預備花多少錢，主副食一切調料，由廚師傅開一清單，本家自己採購材料，廚師只管承做，由本家開付工錢。一種是本家提出菜單，做幾桌，一切材料由廚師包了，每桌合多少錢，連工錢在內。雙方價錢言定，由廚師傅先預支幾十元，做為購買調料之用。……

這種「散包廚子」，從前香港也有，它的情況和北京的差不

1　擦器皿用的布。

多；但香港不稱「散包廚子」，卻稱「包辦筵席」。很多香港人以為「包辦筵席」是一種變相的酒家，因為現時香港仍有「包辦筵席」的，那些「筵席專家」都有地方供人擺酒席之用，酒席擺到他們的店裏去。其實這是後來發展起來的。最初，「包辦筵席」的情形和北京的相類似，但也有某些情況不同。

首先，「包辦筵席」的廚子不是失業的廚子，如果廚子的廚藝沒有人賞識，有錢人辦酒席，是不會去找他包辦酒席的，但有一點卻是肯定的，就是這類廚子多是上了年紀的。

從前有錢佬在家裏「擺酒」，有兩種方式，如果是大喜筵，例如娶媳婦或者擺壽酒，請客人數太多，就會向有信心和經常設宴的酒樓訂堂會的酒席，即是由酒樓的廚師，帶同一切用具和夥記，到富翁的家中來炮製。這是等於光顧酒樓訂酒席，只是不在酒樓「擺酒」，而在富翁家裏「擺酒」而已。這是第一種方式。

第二種方式是小宴會，即富翁在家裏請客，設置兩至三桌酒席。而富翁又賞識那酒樓的廚師的幾味拿手好菜式，便會向酒家借用那廚師回家，這叫做「借廚」。通常酒樓如果沒有接到大酒席 —— 有時即使有大酒席，而那富翁是一位有份量的名流，不敢逆他的美意，也會答應將廚師借用的。通常「借廚」時，富翁會給酒樓一筆可觀的利是錢，而事後又會給廚師一封利是的。

有此原因，故有特殊廚藝的廚子，到了年紀老邁，不能應付酒樓太大量的酒席，酒樓便會勸他退休。或者，酒樓的股東結構改變，新加入的股東覺得他年紀太大，做酒席只能做三

幾桌；處理大酒席不及年青的廚師，也會將他辭退。當然，亦有廚子辭職不幹的。通常這些老廚師便會跑出來，經營包辦筵席生意，他向從前賞識自己的富翁逐一派帖子，請他們多多關照。由於從前沒有電話，富翁有時突然請客，找他不便，因此他通常說每天在某某茶樓飲茶，如臨時召喚，可到茶樓去找他；若預早幾天通知，則可寫信到他的住所。

因此香港的「散包廚子」，都是曾闖出個名堂的廚子。有些廚子因結識富翁多，往往乾脆向酒樓辭職不幹，自己專做「散包廚子」的生意。

「包辦筵席」的三種形式

香港的「包辦筵席」是分三種形式的，一種是廚師只上門擔任製作菜式，一切材料由主家購買，他只賺取工錢。第二種是連工包料，上門製作筵席。第三種是有店舖的，如同酒家一樣，定了酒席，到他的店裏來「擺酒」。第三種和酒家不同之處，在於沒有散吃，即不能隨時到店吃晚飯，因為他們沒有預備材料，除非預先寫定菜式，約定明晚到來吃晚飯，否則很難供應適當的佳餚，故和酒家不同。

首先應該談談香港早期酒樓的情況，以及早期有錢人家「擺喜酒」的情況。在光緒年間，香港已有商業晚宴這類商場交際應酬的宴會。一些大商行的商務展開後，自然有很多大客戶，

有些大客戶在廣州，有些在潮汕、福建或上海，大客戶有時來香港，商行便要為他洗塵，或設宴聯絡感情。商行的東主平日在酒樓中飲宴，對某酒樓的廚藝有所認識，加上認為某酒樓的服務好，場面也好，便到這酒樓來設宴招待大客戶。因此在請客之前，商行的東主會到酒樓去，通知經理叫廚師出來，希望選些特別精美的菜式，叫廚師選幾個菜來，廚師自然精心炮製所選的菜式。是以在當年，一位名廚師，大多數都和各商行東主及熟客認識的，他既知某某老爺是某號的東家，各商行東家亦知這位廚子的芳名，彼此便是在這類的宴會中建立起關係來。

那時有錢人辦喜事，是不喜歡到酒樓去「擺喜酒」的，都喜歡在家裏設宴款待親友，主要原因是家裏有寬闊的大廳和足夠的地方。同時，那時酒樓還未設有新娘房等設備；若娶媳婦的話，更要在家裏「擺酒」。

香港的「散包廚子」大部分都是闖出個名堂的廚師，他們各自有幾款精心設計的菜譜，否則有錢人不會請他回家炮製酒席的。至於沒有闖出名堂的廚師，他們就是創辦「包辦筵席」的廚師。

從開埠開始，香港都是窮人多於富有的人。富翁請客可在高級酒樓中，或在家中設宴，但窮人如有喜慶，則一切從簡；只有中等收入的市民，才有條件請喜酒。這些人請酒，也在中下一級的酒樓內進行；故香港中下級酒樓，很早就掛起「包辦筵席」的招牌。

在一幅光緒年間拍下的威靈頓街的照片上，仍可見到一個「包辦筵席」的招牌，招牌上寫着「兼味樓中西酒菜海鮮炒賣包

辦筵席」，這間「兼味樓」在當時就是一間中下級的酒樓，這幀圖片刊於《百年前之香港》一書中，讀者可拿來參考。

　　早期香港的中下級酒樓，通稱「炒賣館」，是以這間「兼味樓」的招牌上有「海鮮炒賣」四字。所謂「炒賣」，是指一般家庭炒餸的菜式；故這間「兼味樓」應同時有炒粉、炒麵、炒飯等食品供應。一般中下家庭遇着有喜慶事要請客，限於居住環境不寬闊，只能擺兩至三桌酒席；如要求大酒樓派廚師到這種簡陋的住宅去辦堂會酒席，大多會被拒絕。就是不拒絕，叫價也昂貴，非中下級市民負擔得起。因此，他們只有到「炒賣館」去，請他派廚師到家裏辦堂會酒席。

　　這些「炒賣館」最歡迎接這類酒席，因為他們平時做的都是小生意，而包辦筵席一次總有一筆可觀的酒席費，是以樂於接上門酒席。

「包辦筵席」水陸皆宜

　　香港早期平民的居住環境頗為狹窄，他們或住一間房間，或住一層狹窄的樓宇，怎樣能在家中「擺喜酒」呢？對於早期香港人的生活史缺乏研究的人，肯定認為不可能在家中「擺喜酒」的。

　　倘若現時到西營盤第二街和第三街一帶的橫街小巷去考察一次，便很容易瞭解從前住在這些陋巷裏的平民是怎樣「擺喜

酒」的。因為，至今這些橫街小巷裏的居民，依然維持一種守望相助和睦鄰的社區關係特點。大家都把這條巷，視為住在這裏的每一家人的公眾地方。

住在這些巷裏的人，家裏如有喜事要「擺喜酒」，酒席就設在小巷的路邊；包辦筵席的炒賣館的爐灶，也放在巷口。他們在巷內架起布帳和汽燈，就在巷口的路邊炮製酒席。是以雖然主人是住在巷內其中一層的樓上某一間房，也可以在家裏「擺喜酒」辦喜事，因為他們的酒席可以設在街邊。對此，其他的街坊不會干涉，而且會視為一項正常的行為。主要原因就是，每一位街坊都會有一天需要辦喜事，而且也必然要利用小巷「擺酒」。

有一點必須瞭解的是，從前的酒席是用活動的八仙桌來「擺酒」的。八仙桌是一種四方形的桌子，每邊可坐兩人，即八人一席。這種八仙桌用一對可開合的枱腳，架上一四方桌面而成；故一條狹窄的小巷，擺了一桌酒席仍不礙坊眾出入。倘若用現時十二人一桌的大圓枱的酒席的觀點去看小巷的面積，會認為小巷是不能擺酒的。平民到街上「擺酒」，不是香港獨有的，像北京也是如此。《舊都三百六十行》說：「等到辦完事，蓆棚一拆。」所謂「蓆棚」，就是設於街上的篷帳。

當香港填海得地後，住宅區分佈更廣。在人口繼續增加時，「包辦筵席」的形式亦隨之而起了變化。這種變化就是要租用較大面積的地方才能經營，原因是那時已不可能在路邊擺設酒席了。

這種「包辦筵席」的筵席專家，除了上門到會之外，並可

在店裏擺設酒席，方便住在新填海區的住宅單位內的住客到筵席館來擺設酒席。店裏有寬闊的大堂，可供辦喜事的人在裏面「擺酒」。它的酒席費用，比酒樓酒家為便宜，而且沒有其他的雜費；小賬則任由主家賞給。這種方便小市民辦喜事而設的筵席館，現時香港仍有開設。

其實，這種供應地方給平民「擺酒」的「筵席專家」，最先並不在陸上而是在水上開設。香港仔在開埠後約二十年左右，已經成為一個主要的漁船集中地，香港仔和鴨脷洲之間的海面，是一個天然的避風港，是以漁船都集中在該處停泊。水上人家也和陸上人一樣，有各種喜慶事要辦；而漁民們更有若干神誕要慶賀的，其中最少有兩個神誕要擺酒席慶祝，其一是天后誕，另一則是譚公誕。在慶祝神誕和辦喜事時，漁民要擺酒，因漁船面積有限，很難擺設酒席，是以當時專辦漁民筵席的水上廚子，已有「菜艇」出現。他們用一艘船作為廚房，而用另一隻較大的船泊在旁邊，供辦酒席之用。由於漁民人數眾多，除了兩個神誕有酒席生意之外，每個月差不多都有漁民到「菜艇」來擺酒，是以最先供應地方「擺酒」的「筵席專家」，是那些水上「筵席專家」。

「花尾大渡」與「海鮮畫舫」

一九三八年，日本在大亞灣登陸後，便向廣州進攻。當時

廣州到四鄉的水上交通，是由「花尾大渡」作為主要交通工具
的。「花尾大渡」是一種客運木船，它是屬於樓船式的，分上中
下三層；下層為大艙，中層為公艙，上層為尾樓。這種「花尾
大渡」並沒有機器，但有水手和掌舵的人。它能夠航行，是靠
一艘汽艇拖帶，用一條大纜，綁在「花尾大渡」的船頭，另一
端則綁在汽艇後面，由汽艇拖着「花尾大渡」航行，這種拖船
的牽曳力很強，俗稱之為「拖缽」。三十年代，香港到番禺、
順德、江門等地，也用這種「花尾大渡」行駛。日軍攻陷廣州
之後，有兩艘「花尾大渡」停留於香港，不敢繼續航行往市橋、
江門等地，其後，南鄉中順等縣相繼淪陷，船公司知道復航無
望，但看到那時香港仔有很多遊客吃海鮮，因此就和酒樓中
人，合作經營「海鮮畫舫」，將「花尾大渡」改裝而成，這是
香港初面世的「海鮮畫舫」。

「海鮮畫舫」和「菜艇」不同，它除了有一艘「廚房艇」泊
在船邊之外，另有一隻「海鮮艇」泊在船邊。顧客不必在岸上
買海鮮下船，就在船邊的「海鮮艇」處即可選購；價錢當然比
在街邊買的海鮮為貴，但對於消費力強的富有的人則有吸引
力；因為「畫舫」的裝修豪華，船身堅固，較為安全。

畫舫的生意興旺，於是投資者才放膽投資，向船廠定製雕
樑畫棟式的「畫舫」。在「畫舫」設立期間，包辦漁民筵席的「菜
艇」，仍然繼續營業。記得在戰後的五十年代，仍有兩三艘「菜
艇」在香港仔營業，那時香港的工資普遍偏低，低薪者是「菜
艇」的常客。

從前，香港仔海面有海鮮畫舫，現時這些「海鮮畫舫」已

移到深灣去停泊。這是在幾年前香港仔和鴨脷洲進行填海工程時進去的。

「海鮮畫舫」的開設，是由水上「菜艇」發展起來的。上文談到漁民辦喜事時，會在水上「菜艇」擺設酒席。這些水上「菜艇」中，其中有一隻艇做廚房，另一隻大型「盤艇」作為擺設酒席之用。漁民有喜事請喜酒，可將船泊近「盤艇」。「盤艇」上可擺五至六桌酒席，如嫌不夠，他們本身的漁船也可以擺一兩桌酒席，這樣就可以應付過去。這些水上「菜艇」，原是「包辦筵席」的性質，只供漁民辦喜酌之用。

「包辦筵席」從陸上做到水中，「海鮮畫舫」因此後來居上。圖中左起，是位於香港仔的三艘著名畫舫：「太白」、「珍寶」、「海角皇宮」。

後來，市區越來越多人到香港仔去吃海鮮，他們先在海邊買了海鮮，然後拿去酒家烹調，酒家只收回烹調費用。那些海上菜艇見此，覺得他們也可以做這種生意，因此便在「菜艇」上，架一橋板，派人到海邊去兜生意。吃海鮮的人，覺得在艇上吃比在酒家別有風味，因此紛紛到「菜艇」上，把買來的海鮮交給「菜艇」烹調。於是「菜艇」除了做漁民生意之外，兼做岸上的海鮮客生意。

當陸上交通向前發展之後，有巴士直通香港仔，便有更多的市民到香港仔去吃海鮮，於是在水上做「包辦筵席」生意的廚師，認為「菜艇」的生意好做，就分枝出來開「菜艇」。故從三十年代初，香港仔已有多艘「菜艇」專做海鮮客生意。

由於「菜艇」都是很簡陋的，對於高尚的海鮮客沒有吸引力，況且很多富有的人懷疑「菜艇」是否安全，他們都寧願買海鮮到陸上的酒家去，而不到「菜艇」去。這樣一來，才引起投資人士的注意，特設水上「海鮮畫舫」以改善上述不足。畢竟，在艇上吃海鮮是別有風味的。

從黃金時代到式微時期

到了五十年代後期，「包辦筵席」已成為一個欣欣向榮的行業，很多「筵席專家」都在這時期成為著名的商號，就記憶所及，當時著名的包辦筵席的名店，有鄒穩記、大來、喜記等

等。有些筵席店擁有頗大的面積，甚至有二樓、三樓，儼然是一大型的酒樓的規模。但它並非酒樓，只做筵席生意，即預約日期和時間在他們的店裏擺酒席。他們的酒席費用是最便宜的。

五十年代後期，「筵席專家」的蓬勃興起，是和當時的房屋政策有關的。當時政府為有效實施房屋政策，一方面成立徙置事務處，這個組織就是今天房屋署的前身。那時候，政府興建了很多早期的公共房屋；這些房屋稱為徙置區屋宇，這類屋宇每一單位的面積非常狹窄。而普羅大眾的生活亦在這期間漸漸改善，他們有能力維持過去在中國大陸的慶祝好日子的傳統，即可以「擺喜酒」來慶祝那些重大的日子。例如擺設生日酒、滿月酒、祝壽的壽酒和結婚的喜酌等。

另一方面，政府仍繼續租金管制政策；對於戰前樓宇的租金，限制業主不能任意加租。因此，「包辦筵席」的投資者以一筆頂手費，取得這些樓宇的租用權，便可以經營微利的「包辦筵席」的生意。他們的店舖租金便宜，開支亦較輕，因此可供應廉價的酒席，讓小市民有能力到來「擺喜酒」。

在這種房屋政策影響之下，住在徙置區的人便光顧「包辦筵席」的商號「擺喜酒」。就是不住在徙置區，而在市區樓宇內只租一間小房間居住的家庭，遇有喜慶日子也都在「包辦筵席」的店裏「擺酒」，使這個行業其門如市。

「包辦筵席」這一行業到了七十年代，即呈現式微現象。及至八十年代，雖然仍有若干的「筵席專家」尚在維持，但只要細心觀察，便知道現仍繼續經營的「筵席專家」，依然是在舊式的樓宇內開設，便知道這個行業式微的原因了。

　　七十年代，香港政府的房屋政策是令包辦筵席業由蓬勃而衰落的。這期間公共房屋已由早期的簡陋的徙置屋，改革為高樓且有電梯設備的大廈型居屋，這種房屋政策不限於改善居住的樓宇，而是用一個社區規劃的意念去設計。因此這些公共房屋區內要有社區設施，除了撥出若干房屋單位讓經營幼兒教育的投資者開設幼稚園外，另撥出若干單位給投資者經營酒樓。因此，自七十年代起，大部分新建的公共房屋區，都有酒樓之設。這些酒樓，主要是做街坊生意，在收費上也較為便宜。住在這些公屋裏的居民，在「擺喜酒」的時候，也會選擇在區內的酒樓裏設宴，而不必到「包辦筵席」的店舖去了。

　　另一方面，從七十年代起，發展商大量收購舊式樓宇，並將之拆去，改建成新式的高層大廈。原先開設於舊式樓宇內的「包辦筵席」的店舖，便不能維持經營下去。他們從前能維持微利的酒席收費的優勢已無法堅持，若租用新建樓宇的話，因租金不受管制，已難以維持。因此「包辦筵席」者便紛紛停業，有些則改為酒家及酒樓經營；有些則轉為經營其他的行業。

　　現時繼續經營的「筵席專家」，主要仍設於舊式樓宇內，他們的營業對象仍為水上行業人士，例如漁民，尤其是經營水上貨運的駁艇、躉船等行業居民的喜酒生意。

魚蛋粉和雲吞麵的變化

機製魚蛋增加品種

香港的現代化是從六十年代後期開始，到七十年代後期才完成，現代化過程是很複雜的，是在一個自由競爭的基礎下來完成。現代化的重要一點是社會分工的急劇改變，從食品製造的發展過程可以說明這一點。

魚蛋粉是香港主要的食品之一。全港九各區都有魚蛋粉麵出售。從前製造魚蛋，是每一家魚蛋粉店舖都可自己製造魚蛋的，他們向魚市場購入製魚蛋的魚類，這些魚包括牙帶魚、「狗棍」、鯊魚等等。買回來之後，動員全部人力將魚類剝皮，然後將魚肉剁爛，再把剁成肉醬的魚醬用手抓起來向木盆內用力猛撻，令肉醬因不停運動而增加黏性，然後再將魚醬用手抓起來，揸成丸形，放在竹籃上排成餅狀，再用沸水將之蒸熟而成魚蛋。過去每家魚蛋粉店舖都是自製魚蛋的，即是各自為政的個體戶自製魚蛋時期。這樣就限制了魚蛋粉麵的發展，而必須懂得製造魚蛋的人才能經營魚蛋粉麵的店舖。

其後研究出用機器製造魚蛋，於是開設了頗多的魚蛋製造工場，大量製造魚蛋，交到賣魚蛋粉的店舖去，於是不會製魚蛋的人，都可投資開設魚蛋粉麵的食物店。從前自製魚蛋的，也將人力節省下來發展業務，魚蛋遂因分工而發展起來。

機製魚蛋的發展過程是分三個時期的，第一時期是機器絞肉時期，這是最先將剁魚肉的工序，使用電動絞肉機將魚肉絞

成肉醬，那時仍須用人手把肉醬在木盤內用力反覆撻出黏性來，使魚肉醬擠成丸狀，也是用手撻成的。

第二時期是改良了撻魚肉醬的工序，使用一個盤狀的電動震盪機，將魚肉醬放在裏面，由於電動機不停震盪，肉醬即起黏性，省卻了用力撻魚肉這種吃力的工作。促成製造電動魚蛋震盪機的出現，另有一個社會因素。

隨着社會的現代化，很多傳統的用具都改用塑膠製品，以前用木材製造的用具，由於堅硬塑料的出現，以及重型製造塑膠的機器的發明，從前用木製造的木桶、木盤，都已改用塑膠桶和塑膠盆了。因無人使用木桶木盆，再加上木材來源日少，木盆木桶的售價比塑膠製成品較為昂貴，木器工匠即使堅持製造，也少人購買，這個行業便沒有前途，於是亦無年青人學製木桶木盆了。製魚蛋時，撻魚蛋醬是要用木盆的，這種大木盆越來越少人製造，售價自然非常昂貴，改用塑膠盆又不能撻出魚膠來，於是促使食品機器製造商專為製魚蛋而設計魚蛋震盪機。

其後食品機器製造商再創造出一種擠魚蛋機，只須將肉醬放在機內，機器便將魚肉醬擠成魚蛋，於是機製魚蛋便全部完成了。

從前香港是沒有墨魚丸賣的，自從有全套機器製造魚蛋之後，就可以利用這副機器製造墨魚丸了。須知，倘能盡量使這副機器得到充分利用，這才符合經濟原則。但普通魚蛋只能佔用機製魚蛋機的部分生產時間，於是便要研究新品種來使用機器，墨魚丸是利用墨魚來製成魚蛋，亦適合由這副機器來製造，故而有墨魚丸的出現。此外，商人又可利用這副機器製造牛肉丸，令到食品的品種不斷增加。

傳統方法阻礙發展

　　從前在香港開設雲吞麵店，必須請一位打麵條的師傅，製造店中出售的麵條。這位打麵師傅是全職工作，專責製造各種麵條，包括闊麵條和幼麵條，還有包雲吞的雲吞皮。因此雲吞麵舖要有一個打麵（製造麵條）工場。打麵工場通常設在雲吞麵店的樓上，亦有另租一處住宅單位作打麵工場的。至於製造麵條的方法，則是全用人力進行，而且是用最傳統的製造方法。

　　製麵條的工場，用一塊六呎長的厚木板作枱面，這張木板製成的長方形的桌子，他們叫「打麵床」。「打麵床」必須放在牆邊，因為要在牆邊開一個牆孔，以便將大竹竿插進去，作為打麵之用。

　　打麵師傅先在「打麵床」上，用麵粉加水和鴨蛋搓成麵團，然後放在「打麵床」中央，這時打麵師傅將巨型的竹竿插進牆孔裏面，他自己就騎在竹竿上面，用身體的力將麵團壓下去，用腳將竹竿提起，屁股壓在竹竿上，這樣一起一落，利用竹竿的壓力，把麵團壓勻，壓至最薄，然後又將麵團疊起，再灑以乾麵粉，使竹和枱面不將麵團黏上，這樣反覆地利用竹竿的壓力印壓，麵和蛋的韌力便發揮起來。打麵師傅認為夠了，才將麵團壓薄，再用刀將麵切成麵條，切好麵條之後，再將麵條分紶。這個紶字是借字，即將絲分為一份一份，一份則為一紶，雲吞麵舖一碗雲吞麵用一份的麵條，稱為「一紶麵」，打麵師傅除了製麵條之外，還要將麵條分成一份份，適合一碗麵用一

份。因此他要計算成本，例如一斤麵粉製成麵條後，要分為若干碗麵，便要分成多少份，通常一份麵條約為一兩六錢，即一斤麵分為十份。將一份一份的麵條放在托盆上，才完成打麵的工作。然後，再製造雲吞皮。

這樣製造麵條，是限制了雲吞麵店的發展，開雲吞麵舖必須請一位打麵師傅，又要租一處地方作打麵工場，在香港整個社會還未高度發展的時代，是可行的，那時租金並未十分昂貴，失業率仍然很高，仍可以繼續經營。

及到香港經濟高度發展的時候，即進入現代化時期，便不能夠用這種方法經營雲吞麵店了。

由於雲吞麵舖用傳統的製麵條法製造麵條，因此戰後初期的雲吞麵舖都是開設在戰前樓宇之內。香港在戰後頒佈了租務管制條例，對於戰前所建的樓宇的租金有所管制，不許業主任意加租。理由是這些樓宇建於戰前，業主已經收了頗多的租，不應該任意增加他們的租金收益。是以相對來說，戰前舊樓租金仍是便宜的，雖然要設一個打麵工場，仍是合化算的。但是當舊樓紛紛拆建時，在戰前舊樓裏開設的雲吞麵店，便無法在新建樓宇內經營。

管制戰前舊樓租值，一方面是穩定戰後的租金，以免商業凋零，另方面是鼓勵業主拆去舊樓建新樓，新建樓宇不受租務管制，因此在五十年代後期至六十年代，舊樓拆去很多，雲吞麵舖拆一間便少一間，一九五九至一九六〇年，是本港雲吞麵店數目最少的兩年。

這兩年雲吞麵舖雖少，但街邊的雲吞麵檔卻很多。那些在

雲吞麵舖任職的人，因雲吞麵舖減少，找不到工作，便在街邊開一檔雲吞麵檔維持生活。由於日間不能擺檔，晚上八點之後，很多商店休息，他們就利用商店關門之後的行人路開檔，只做晚上幾小時生意。

當時供應街邊雲吞麵檔的麵條的，既有在雲吞麵舖工作的打麵師傅，亦有直接由麵餅舖供應。

麵餅舖是另一種製造食物的行業，它所製造的也是麵條，但是並非雲吞麵舖的麵條。雲吞麵舖的麵條叫做「生麵條」，是用蛋和麵粉製造的；麵餅店的麵條，是蒸熟之後，再曬乾而成的，是熟麵條，而且在事後將麵條製成餅形，故稱「麵餅」。

麵餅店製麵條，初期是用傳統的方法，也是用竹竿靠人力印壓麵粉的筋性，但所製的麵條都不加蛋，稱為「水麵」，加蛋的稱為「蛋麵」。雲吞麵舖所用的是「蛋麵」而非「水麵」。

街邊雲吞麵檔的雲吞麵也有由麵餅店供應的。從一九五九年起，有很多地區沒有雲吞麵舖，只有晚上開檔的雲吞麵檔，要吃雲吞麵就要光顧附近路邊的雲吞麵檔。當時街邊雲吞麵檔之多，往往在一條街上就出現三四檔。

燃料問題與肅貪運動

六十年代初期，雲吞麵舖的爐灶，因使用的燃料並非如現時普遍應用的石油氣或煤氣那樣方便，因而無法發展，導致雲

吞麵熟食業向街邊發展。這期間還有一個原因，是「收鬼錢」
仍極流行，故街邊雲吞麵檔能發展起來。

「收鬼錢」是從前長久以來已存在的。那是一種貪污制度。
負責某一地區的治安人員，委派一名「收租佬」，向街邊小販
收錢，在小販來說，對於付這種錢都稱為「派鬼」；在貪污集團
來說則叫「收租」，第三者則稱之為「收鬼錢」。

「派鬼」的小販可免「走鬼」，「走鬼」是無牌小販遇到執法
人員走來捉人時逃走之謂。由於有人「收鬼錢」，因此街邊雲
吞麵檔就有發展餘地。

街邊雲吞麵檔所用的燃料，全是打氣柴油爐，因為街邊雲
吞麵檔既屬違例擺賣，自然也不會遵守有關使用燃料的限制。

這時期製造麵餅的麵餅舖，為了供應這許多街邊雲吞麵檔
的全蛋生麵，除了聘請打麵師傅製造雲吞麵用的全蛋麵條之
外，還要研究用機器打麵和用機器切麵條，於是，便找食品機
器商來為他們設計一副製造蛋麵的機器。

「機器打麵」是利用兩個滾筒將麵團反覆壓榨來進行。這副
打麵機是將榨蔗汁機改良而成的。由師傅將麵粉加蛋和加水搓
成麵團之後，放在機器上反覆壓榨，用以代替竹竿搾壓，經反
覆搾壓後就把麵粉的筋韌力發揮出來，然後再將之放在切麵條
機上切成麵條。

切麵條機也是用兩個滾筒來進行的，滾筒上有切麵軌道，
麵團經過滾筒時，軌道即將麵團切成麵條。機器是用電力推動
的，故生產極迅速，將從前人工打麵的速度加快幾倍。

這種切麵機的有軌道的滾筒是可以更換的，壓製麵條的滾

筒，其上面的軌道坑有闊有窄，於是換上不同坑道的滾筒，就可以切成各種闊麵條和幼麵條。當使用機器製麵之後，就可以大量供應街邊的雲吞麵檔了。

六十年代，香港就業機會仍是不高的，失業人數仍多。期間，失業大軍多轉為小販，其中轉業為街邊雲吞麵檔的亦很多；因有蛋麵供應，故毋須懂得「打麵」亦能開檔營業。

過去，一些雲吞麵舖也曾用電爐煮雲吞麵，但不成功。主要原因是電爐的火力是來自電爐內的發熱線，這些發熱線是依照幾級火力而設計，不是為雲吞麵舖而設計的。當沒有顧客來光顧時，必須將爐火調弱，以免將煮麵的水和泡麵的湯煮乾，同時節省電力。但電爐一經調弱火力，等到有七八名顧客進來吃雲吞麵時，煮麵師傅將電爐火力加強時，電爐必須到六七分鐘之後才發揮最大的火力，鍋內的水才能大大地沸騰，這樣那七八位食客，便要等七八分鐘之後才有雲吞麵吃，對營業極為窒礙。從前使用化氣柴油爐時，只須立即加強爐火，水即沸騰，立即可以煮多碗雲吞麵，顧客少時，又立即可調弱爐頭。電爐煮雲吞麵無法代替化氣柴油爐。因此雲吞麵店的經營尤其不易。這是該行業在六十年代所遭遇的困難。

這裏應該提到兩種燃料，其一為石油氣，另一為煤氣。但是雲吞麵舖不能使用石油氣，原因是條例規定任何店舖或住宅不能藏有超過兩罐的石油氣罐，雲吞麵舖若使用石油氣作燃料，便要儲存多罐石油氣。一則租金昂貴，無餘地可儲多罐石油氣，二則多儲幾罐又違例，使雲吞麵舖無法使用石油氣作燃料。

一九七三年，香港掀起一場「反貪污、捉葛柏」運動；
當時學界在運動中起了重要作用。

葛柏擔任警司時

　　至於使用煤氣，這是最理想的燃料。但在六十年代，煤氣公司仍未作全面供應煤氣系統的改革，當時很多地區尚未有煤氣供應。

　　現代化不是一句空洞的口號，是依靠社會分工的現代化才能實現。雲吞麵舖這小小的行業也要現代化，但當煤氣供應還未現代化的時候，那是不可能的。

　　香港是遠東最先成立煤氣公司的地區，香港中華煤氣公司於一八六二年成立，一直以來用煤來生產煤氣。直到一九六七年才結束用煤生產煤氣，因為以煤生產煤氣是落後的生產方法。

　　香港生產煤氣的現代化過程是兩條腿走路的，一方面是改革地底下面的煤氣輸送管，另方面是改革煤氣生產程序。一九六七年，開始使用煤油加催化劑生產煤氣，令煤氣產量增加幾倍，然後到七十年代初，再使用石腦油生產煤氣。

　　生產煤氣的現代化和製造麵條的現代化，已為雲吞麵舖奠下發展的基礎。但是，如果政治上不改革，雲吞麵舖仍難發展的。

　　上文說過「派鬼」是賄賂執法人員的一種貪污違法行為。香港整個官僚階層，自十九世紀至上世紀七十年代初都形成大大小小的貪污集團。其主要原因有二，第一是將檢舉和控訴貪污作為內部紀律來處理。以執法機關為例，警察內部設一防止貪污組，監察執法人員的貪污行為。防止貪污組的成員，又是執法機關的成員，他們在未參加防止貪污組時，也許已經是最大的貪官。因此這個組織每年都有些肅貪的成績給公眾看看，就是向初入行的警察開刀，因為他們已熟悉任何貪污的路徑，

隨時可以做些不影響整個貪污系統的「戲」給公眾欣賞的。

　　第二是公務員的薪俸不高，即使是來自英國的官僚，薪俸也是偏低的，薪俸偏低成為貪污的原動力，是以形成各個貪污集團。

　　貪污既形成一股勢力，貪污的魔手就無處不伸，令到民怨沸騰。大專院校的學生很多都是來自低下層家庭的，他們看見父母親友被貪官勒索，於是首先在校園裏展開反貪污運動。其後因駐守機場的警方故意放走一名貪官葛柏，於是觸發了一場大規模的反貪污群眾大集會，終於促使政府作了很多改革。首先是成立廉政專員公署，這是一個獨立的調查貪污及接受市民舉報貪污的機關；其次是讓各級公務員滿足於自己的薪俸而不貪污，因此便大幅度提高公務員的薪俸。此外，在政治上成立各區的區議會，使各區議會有民選議員反映公眾的意見，令到整個社會出現公平競爭。

　　香港經濟就是在這時候起飛的，從前開一間小型工廠動不動要「使黑錢」。改革後，開工廠的人減少了「使黑錢」這種不必要的經濟支出，這其實是間接鼓勵人們設廠，而失業人數也隨之大減。從前在街邊擺檔賣雲吞麵的，因不能「派鬼」而無法在街邊開檔，有些賺了錢的就在附近租舖開雲吞麵舖了。由於煤氣設備已改善，可以使用煤氣作燃料，亦可依照規定在門側建一玻璃房作為安裝爐灶的地方，因此雲吞麵舖便大量增加。到八十年代，差不多每一條繁盛的街道都開設有雲吞麵舖。

「長壽伊麵」和「即食麵」

　　麵餅店一向有一種麵條出售，此種麵條為「長壽伊麵」。那是將麵條製成一圓餅形，乾燥後放在油鍋內炸成。長壽伊麵是傳統的賀壽的禮物，不少香港人從前在向親友拜大壽時，或者生辰之期，都是選長壽伊麵作為禮物的。猶如現代人送生日蛋糕給親友，賀其生辰快樂一樣。因此麵餅店便會製一個紅色的紙盒，用來盛載長壽伊麵，以便客人送禮。現時西餅店用以盛載生日蛋糕的圓形餅盒，實際上是取材於麵餅店的長壽伊麵的盒子而製成的。自從麵餅店使用機器製麵，將蛋麵發行給雲吞麵店，長壽伊麵亦改變送禮的規格，使之適合雲吞麵店的一碗麵的份量，於是雲吞麵舖內亦有伊麵可食了。

　　長壽伊麵麵條已經炸熟，只須用沸水一泡即可食用。若泡的時間太久，反而不美，這種長壽伊麵經食品製造商加以改良，用全自動機器製造並包裝，製成即食麵。在包裝內加一包調味品，作為湯水的材料，大量製造，向全港推銷。

　　即食麵最大的顧客，並不是家庭主婦，而是從前不賣麵食的西餐館和茶餐廳。從前餐廳只有麥片、通心粉、意大利粉而不供應麵食的。即食麵推銷最成功的，是將麵食打進西餐廳及茶餐廳去。現時所有的茶餐廳和西餐廳都有麵食供應，所用的麵條，就是即食麵的麵條。

　　茶餐廳和西餐館向即食麵製造商取貨，並不是用一包包連調味品的即食麵，而是盒裝的沒有調味品的即食麵，因為餐廳

自己有湯水，毋須用即食麵的湯料，因此貨價亦較廉宜，利潤也高一些。在餐廳出售的即食麵，全部都是有配料的，例如牛腩麵、火腿蛋麵、煙肉麵、牛扒麵、豬扒麵、午餐肉麵等，既豐富了食譜，也使即食麵變得更多彩多姿。

　　由於紙包裝的即食麵是沒有餸菜的，因此食品製造商設法克服它的缺點，於是發明了「杯麵」。

　　「杯麵」是用一大紙杯盛載，裏面除了麵和湯料之外，並有蔬菜和其他肉類，蔬菜與肉類是經過乾燥處理才放在杯內，最後密封杯口而成。食用時只須將沸水注入杯內，將蓋子蓋好，待裏面的肉類和蔬菜吸收了水分即可食用，至為方便。

「旺龍」習例與招牌易名

香港中藥舖話舊

　　從前，香港藥材舖的櫃面是用柚木製成；這個櫃面有一套名稱，相信現時很多該行同業都已忘記。這裏且將名稱詳述出來。

　　櫃頭的地方稱為「寶龍頭」。這個部位是指向街的部位，櫃枱是曲尺形的，向街的部分要用磚和水泥砌成。因為在晚上埋舖之後，如果這個櫃頭不用磚砌成，很容易被竊匪鑿爛而進來偷竊。它是整個櫃枱的頭部，掌櫃就是坐在該處裏面。所謂「寶龍頭」，意指這是招財進寶的頭部，是龍頭所住地；故坐在該位置的掌櫃，稱為「頭櫃」，以表示他是掌守「寶龍頭」的掌櫃。

　　櫃頭以下的一條長長的櫃枱，稱為「長龍」；最末的部分，稱為「龍尾」。在藥材舖的「龍尾」部分，照例放一個銅春坎。包藥材的紙張，全放在「龍尾」的櫃枱上。坐在頭櫃內的掌櫃，有算盤和筆墨，他負責計藥材的藥方及寫上價目。

　　在藥材舖早上開舖的時候，有一個習慣稱作「旺龍」。掌櫃坐在頭櫃內，拿起算盤向上搖動搖得悉索有聲；接着是二櫃在「龍尾」處，拿起那個銅春柱向銅春坎內敲打幾下，打得噹噹有聲，這種動作稱為「旺龍」。它的意思是説，一開門就應該旺相旺相。原因是藥材舖有人來執藥，才會有藥材放在銅春坎內春打，有藥方來執藥，掌櫃才會敲算盤計數。這雖然是一種討意頭的動作，但因為傳統相傳下來，每一個藥材舖都是這樣的。

現時的藥材舖的櫃枱雖然改作玻璃櫃面，但制度仍是未變的。譬如：藥舂坎仍放在「龍尾」，開舖時「旺龍」的習慣有些仍照樣做的。

香港藥材舖的招牌，也經過多次的變革。現時藥材舖的招牌多寫作「中國藥材行」或只寫「中藥行」，也有寫作「國藥行」的。但從前沒有這種名稱，所有藥材舖的招牌，都是寫上「熟藥」二字；同時，藥材舖全用一個「堂」字命名，它的招牌寫成「某某堂熟藥」。

藥材舖名為熟藥舖，是因為藥材分為生藥與熟藥兩種。生藥是未經炮製過的藥材，熟藥是經過炮製的藥材。香港有未經炮製過的藥材發售，批發這種藥材的行莊，通稱生藥行。生藥行是將未經炮製過的藥材售給藥材舖，藥材舖買了這些藥材回來炮製過，然後零售給顧客使用，故名熟藥店。

所有中醫所開的藥方，上面所列出的藥材，都是指熟藥而言。例如「半夏」這味藥材，是指經炮製過的半夏。這種「半夏」是必須經過炒製的，若未經炮製的生半夏是有毒的。是以有些中醫的藥方，也寫作「製半夏」，或寫作「法夏」，甚或簡寫為「法下」。所謂「法」，即經過雷公製藥法製作的半夏。

三十年代，有很多激進分子，提倡西法醫學，主張廢除中醫。對此，全國中醫大為震怒，於是紛紛組織團體，一面力斥其非，一面爭取合法地位。這個中醫團體，稱為全國國醫館，它在各地均有國醫分館之設。用「國醫」二字，以示這是中國傳統的醫術。香港國醫分館，當時亦在香港爭取地位。「國醫」之名，便常見於報章上；而新開的藥材舖，也將「熟藥」改為

「國藥」。到了戰後，由於又嫌「熟藥」此名太古老，乃改為「中藥行」，或「中國藥材行」。

獨特的舖內設備

藥材舖的標誌設備有很多，其中一項是「百子櫃」，這個設備是一個多抽屜的大櫃，從前是放在櫃圍內的第一位置上。它之所以被稱為「百子櫃」是有理由的，因為這個大型的櫃有超過一百個抽屜，故稱為「百子櫃」。

「百子櫃」的規格是由櫃枱到樓頂全是抽屜，廣府人稱抽屜為「櫃桶」。由櫃頭到櫃尾，即橫向共十個櫃桶；由天花到櫃枱的縱向，分上中下三組。中間一組的櫃桶略大，相當於上面的小櫃桶兩個的闊度；故中間的一組只有五個大櫃桶。在這五個大櫃桶之上，共有縱向的櫃桶六個；在中間的大櫃桶下，則每行有四個小櫃桶，合成共一百零五個櫃桶。這是稱為「百子櫃」的原因，即指超過百個櫃桶的櫃。

每個櫃桶或分兩格或分三格和四格，中線的大櫃桶是用來載銷量大的通行藥材，例如清補涼煲湯材料等藥材，以及去濕粥材料的藥材，由於這些藥材銷量多，故要用較大型的抽屜盛載。對於最高位置的抽屜，在取藥時要用一個杈槎，伸向抽屜外面的鐵環處，把抽屜叉着拉出，然後放在櫃枱上取藥。

關於藥材放在抽屜內亦有規矩，凡同性質的藥都放在同一

圖中男店員身後的小櫃便是中藥舖的「百子櫃」

百子櫃每個內分二至四格不等，放藥材進去則有所規定。

抽屜內。因抽屜內有四方格，每方格載一種藥材。這些藥材同放於一抽屜內，常有混亂。若不是將同性質的藥放在一起，會影響療效；同類的藥放在一起，亦方便取藥。例如防風、荊芥等治傷風感冒的藥，多放在同一抽屜內；而不會將涼藥和補藥放在一起的。

由於藥材舖是熟藥店，因此早期的藥材舖要有很多製藥的工具，以便將從生藥行購來的藥材加以整理和製煉。這些工具除了一個鈒藥材的鈒刀之外，有刨藥材的刨床，另有刮藥材的刮刀，還有剪藥材的剪刀，另有切藥片的薄刀，合成五種整理藥材的工具。以上五種工具都是屬於整理藥材的工具，還未及於作製煉用的種類。現時去買花旗參、當歸頭，藥材舖會用鈒來把它們切成細片，以利於煎藥。換言之，鈒是不可少的工具。

這個鈒的用途最廣，所有原株的草木藥材，都要用鈒來把它們切成一段段的，例如荊芥，買回來時長約尺許；洗淨之後，要把它鈒成細段，才能利於包裹及煎藥。桂枝是樹枝形的，要用這鈒切成小粒才能煎服。

刨床上的刨是用來刨藥片的，例如玉竹之類，便要用刨來刨成薄長條形，淮山分長條和橢圓形片狀兩種，長條形的也要用刨床來刨成。

很多藥材都有外皮，例如甘草，它有一層赭色的外皮，要用刮刀將外皮刮去，然後用薄刀將甘草切成一片片。又如淮山角等，也是需要用薄刀切片。

有些藥材，要用剪刀剪段的；例如木賊，它的外形似竹，有很多節，依規格是要在節上用刀剪開，是以剪刀也是整理藥

鈒刀是香港中藥舖常備的製藥工具

圓條狀的中藥材於刨成藥片前,大都先行以方
形鐵鎚打扁。

材的工具。

　　除此之外，還有一個方鐵鎚和方鐵砧。這鎚子是四方形，四邊都要平坦方正，它是用來將一些圓條形的藥材打扁，方便用刨刨成藥片的；例如桔梗，它似參而深圓，故要用方鎚打扁，才能用刨床將它刨成藥片的。

　　從前藥材舖還有一項設備，名叫「焙櫃」。這個「焙櫃」是用磚砌成的一個四方形的櫃，門是用鐵製成的。「焙櫃」內的間格分上下兩格，因此門亦分上下兩扇。下格是用來放置火盆的，因此下格只佔上格的三分之一的面積；下格的門亦比上格的門小三分一。下格的鐵門有些疏孔，以便疏通空氣。上格內部是用鐵枝分成七或八格，用以放置載藥材的竹篩。這個「焙櫃」是用來焙藥材之用的。

　　由於藥材舖買來的都是未經整理的原始草藥，是以進貨後，要先將草藥上的泥沙洗去；有些枝梗太硬的，要浸軟或者要蒸軟然後才能切片。當藥材洗過或浸過之後，在切成藥片或藥段時仍然很濕的。因此，要將它乾燥後才能保存以及出售。

　　香港商舖的租金昂貴，除了資本雄厚、生意極佳的大藥材舖能租用整幢屋宇，能夠在天台上設一「曬棚」，用以將藥材曬乾之外，一般藥材舖都只是租一間舖面經營。這些藥材舖沒有天台上的「曬棚」，藥材沒有可曬乾的地方；藥店只能在門外乘陽光照射到的時候，把藥材放在門外曬乾。若天陰，便只好放在「焙櫃」裏把它焙乾，就是有曬棚的藥材舖，遇着連天下雨，也要把藥材放在「焙櫃」內焙乾的。是以「焙櫃」是必須的設備，不論大小藥店，都必備「焙櫃」。

　　「焙櫃」內的火盆，通常是用一隻鐵鑊來載木炭，這個火盆所用的木炭是炭末，炭不能太大，因為大炭生出來的火會將藥材焙燶甚至燒着，因為藥材全部是草木植物，容易着火的。

研藥工具各有用途

　　藥材舖有一些工具至今仍然是保留的，因為這些工具既不阻礙地方，又是經常應用的工具，這套工具稱為「杵砵」，全套分為大、中、小三式的。

　　所謂「杵砵」，即是將藥末再研磨成細末的工具。它分為杵和砵兩個部分；杵是用來研磨時手持的工具，砵是陶製的碗形的砵。將已研磨成藥粉的藥末放在這個砵內，用磨杵再加以細磨，使多種藥末混合得均勻，這就是「杵砵」所起的作用。

　　藥材舖是供應藥末配方的。有些藥末配方是用來塗在患處用的，這是屬於不能吃的藥末配方，例如用來搽在瘡癬疥癩患處的藥末配方，就要用一個較大的「杵砵」來研磨和混合。這一個專用於搽塗藥末的「杵砵」，稱為「忌食杵砵」；凡不是用來沖服的藥末，都用這個砵來研磨。

　　有些藥末配方是用來服食的，例如七厘散、五苓散之類的藥末配方，便要用另一個「杵砵」來研磨。倘若用「忌食杵砵」來磨，恐防上次留下一些不能服食的藥物，就會造成誤服其他藥物。因此要另備一個「杵砵」，用來研磨可入口服食的藥末；

這套「杵砵」通常比上述的略細一點，稱為「中杵砵」。

另有一個最小的「杵砵」，它是用來研磨名貴藥材的。藥材舖中的猴子棗、牛黃、狗寶石等，都要研磨成細末才能沖服，因此要用一套特別細的「杵砵」來處理。由於名貴的牛黃、猴子棗等藥物，其用量常常只有幾分重，如果用大的杵和砵研磨，只怕這幾分重量的藥物會黐在杵端和砵底，而所餘無幾。所以，這一套細「杵砵」，可供研磨幾分重的名貴藥材。

香港博物館前些時收藏了一間藥材舖的全副設備。這是一位熱心市民，在他的祖輩所開的藥材舖要遷拆時，把藥材舖的全部設備，捐贈給博物館收藏的。上文所談到的各種基本設備，大致上都齊全，但其中有一款設備還未談及。

這是一具銅製的船形設備，長約三呎、闊只有幾吋，而高度則約為一呎。船的內部像一條深坑，有六七吋深；船口寬闊，船尾尖而翹向上。這東西有個名稱，叫做「研船」。這隻「研船」另有一件附屬物——一個用黃銅鑄成的車輪式的圓環，在圓環的正中，穿以一條木杵；木杵穿進圓環中心，必須取正中線，使之和圓心緊密嵌合。看起來，它似一個單獨而有軸心的車輪，它叫做「研輪」。

以前，很多醫生對於醫治慢性疾病，會給病人一條處方，叫他到藥材舖去，依方製成藥丸。以後只要每天服若干粒，便不必天天來看醫生。因此藥材舖要有製造丸散的設備，藥材舖要依照醫生處方將藥先磨成細末，然後再製造藥丸。這套「研船」和「研輪」，便是將藥材研成細末的工具。至於研成細末的方法，是很特別的。

先將藥材炒過，令藥材特別乾燥，然後放進研船的船坑內；再用手把「研輪」放在船坑內，將輪輾過各藥材，使之全部輾碎了。爾後，便用雙腳踏着「研輪」兩邊的木杵，雙手拉着頭頂掛起的繩索以維持重心，於是用腳推動「研輪」，使之前後流動，這樣便可將已輾碎的藥材研成細末了。這就是「研船」和「研輪」的使用法。

篩藥秤藥　一絲不苟

在古老的藥材舖中，有一件用具，也是其他行業所無的。這用具名叫「拍斗」，它是用陽江漆製成的，是圓形的，頗似金漆盒籃。「拍斗」的直徑比普通用來篩糯米粉的細孔篩子的直徑略大一點，但比篩子高一倍。這個金漆「拍斗」就是用來放進細孔篩，用以將藥末篩成細粉的。

「拍斗」有一個蓋子，裏邊近斗口處有一突出的圈邊。將「篩子」放進去，「篩子」的竹邊就被這條突出的圈邊托着。將從「研船」研成粉末的藥粉放進這個篩子裏，使篩子篩出幼細的藥粉。

在篩藥粉時，將蓋子蓋上，拿起這個金漆「拍斗」用雙手向左右擺動，並用手掌拍動它的邊沿。於是左搖一下，拍一下，右搖一下，拍一下；蓋在斗內的篩子便搖動，篩子上的藥粉就經過密孔的篩孔，篩出幼細的藥粉，留在金漆「拍斗」的

底內。因此這個載篩子篩藥粉的漆器用具，之所以名為「拍斗」，是因為用時要拍動它之故。藥店的製藥師傅在拍動這個篩藥斗時，每每發出很有節拍的聲音，極之動聽。

為什麼要用這個「拍斗」來篩藥粉呢？因為每條處方的藥材都有指定份量的，如果不放在斗裏來篩藥，藥粉在篩動時會被風吹去。用「拍斗」蓋着來篩，就不怕被風吹去藥粉，同時毫不浪費。

當篩子在「拍斗」內將藥粉篩一回時，自然在斗內的篩子上留下若干剩下來的粗藥粉。於是再用「研船」，將這些粗藥粉再研磨；研磨到幼細時，又再放於「拍斗」內去篩動，直到將全部藥材研成細末為止。於是，將藥材研成細末的全部過程就完成。

從前，很多家庭主婦帶兒童到藥材舖去買藥，看見藥材舖的掌櫃在計藥方的價錢時，敲打算盤之際，打得悉索有聲，運指如飛。主婦照例對孩子說：「將來你大個仔，要學這位掌櫃那樣打得一手好算盤至得。」須知，主婦與小孩子所看見藥材舖掌櫃打算盤又快又爽，就認為是各個行業的掌櫃中，算盤打得最響最佳的是他，故才有這樣的話。

其實，藥材舖掌櫃打算盤是最慢的，他只是將算盤珠撥上撥下，指法是將不計算數目的一行算盤子撥上撥下而已，並非打算盤打得最快。

原來別的行業，貨物只有幾十種，而且是論斤論兩計價。藥材舖則有數百種藥材；加上一張藥方，常有多種不通行的藥材。這些藥材又是以斤購入，而以錢為單位售出。在計藥材的

買賣藥材講究斤両，故秤
藥時便要一絲不苟。

價錢時，必須憑記憶來記起這味藥多少錢一斤進貨；並再化為
両，然後依成本加若干利潤上去，方能算得出這味藥值多少
錢。在思索期間，不能停下手來，是以要將算盤子撥上撥下。
別人看見，以為他在打算盤，實則是在思索這味不通行的藥應
賣多少錢。因此，藥材舖的掌櫃打算盤並非第一流好手，但是
記憶數百種藥材的價錢，則是一流高手。

　　人們說藥材舖「大秤入，小秤出」，以為很多利錢。其實
利錢是有限度的，因為成行成市，競爭劇烈；利錢太深，顧客
不會光顧別一家麼？所謂「大秤入，小秤出」，是指進貨時是
多少元一擔，售出時是多少元一錢重。故在計算上，增加了難
度，這便是掌櫃在敲算盤計藥單時，要不停在空檔上撥上撥下
的原因。

「蠟殼」的製法

　　並不是所有藥材舖都有大量製造藥丸的設備，只有大間的藥材舖才有這種設備。因為藥材舖若自製藥丸，沒有人買，或銷量不多，將會壓死本錢。是以只有字號夠老、信譽好的藥材舖所製的藥丸才有銷路。因此製藥丸的設備，亦以這類藥材舖為最齊全。

　　此類藥材舖現時香港尚有一兩間，姑隱其名。如今談談此類藥材舖現時尚保留的其他的設備，這種設備乃是製「蠟殼」的設備。

　　「蠟殼」是保護藥丸的一層外殼，藥丸在製成之後，要設法保存它的藥力，使之能久藏不變，就要用真空處理，令它藏在一個真空的環境中。中國很早即已發明用蠟來保存藥丸的方法。將藥丸放在蠟殼之內，密封保存，即可久藏一年而不變化。因此製藥丸的藥材舖，就要有一套製造蠟殼的設備。

　　這套設備分兩部分，一為蠟殼的模型，另一為便於使這模型染蠟的長柄。蠟殼模型是用木製成一個小球形狀，在這木球的頂端，開一小孔，另用長竹枝削成長柄，尖端削尖；使插得進木球的孔內後，則拿着這條長柄，將木球放在已溶化的蠟液內浸一下又取起。待其稍凝固，再浸下溶蠟中。這樣浸約十次，這個球形的木球，便染上厚厚的蠟；將它放進冷水內使蠟凝固，然後用刀子將蠟球削開一半，取出木球，拔出長柄，這個便是蠟殼。將藥丸放在蠟殼內，把長柄上的蠟封閉，再向

蠟液上浸一浸，裏面的藥丸便存於真空狀態中，故可以久藏不變。現在，香港仍有用蠟殼保存的中國藥丸出售。製蠟殼方法，依然保持着傳統方法。

顧客至上的幾種服務

從前，香港藥材舖有若干的酬賓服務，其中一項是在端午節前，製定一些香囊和香牌送給長期光顧的熟客，這是最有代表性的酬賓服務。

香囊是用香粉和布囊製成的。用彩色的布縫成一個小布囊，然後往裏面塞以香粉，再將布囊縫密，加上一些絲線綁好，即可供小孩子掛在胸前。

香牌也是用香粉製成的，它是先將香粉和香膠搓勻，再用印製月餅的方法，在一個木刻的有圖案的模型上壓印成一面牌子，待乾燥後，在這牌的下端綁以絲絲線飾。

從前每逢端午節，習俗上流行給孩子們在身上掛上香囊或香牌，據說這樣可以驅蟲和辟邪。

香囊和香牌用的香粉，是香木磨成的粉末，即是用來製造神香那種香木的粉末。藥材舖贈送給顧客的香囊和香牌，並非自己製造的。由於當年家家藥材舖都送香牌給顧客，於是，便有專門製造的人，預先向藥材舖接單訂製，在農曆五月初一日交貨，以便藥材舖能在端午節前幾天送給顧客。

　　藥材舖的主要顧客多為家庭主婦。主婦光顧藥材舖時，習慣在買菜時候順道前去，因此常常攜同小孩子進藥材舖。在生意旺的時候，拿藥方來執藥，往往要等候十多分鐘；小孩子在這十多分鐘裏，會覺得不耐煩。因此藥材舖也備有一些小食品送給小孩子的，這些小食品有山楂餅和提子乾。當家庭主婦帶小孩子來光顧時，掌櫃先生會給她的小孩子若干塊山楂餅或一小包提子乾，以討小孩子的歡喜。這種酬賓服務，至今仍有些藥材舖保持不變。

　　從前，香港的藥材舖每年總有一次至兩次額外服務，這是代客蒸川芎雞蛋的服務。凡是「熟客仔」，藥材舖的掌櫃會對他們說：「Ｘ月Ｘ日本號製川芎，你可以買一些雞蛋到來，本號免費代製川芎雞蛋。」顧客聽到消息，便依期將雞蛋送到藥材舖來，由掌櫃點收，發回收據。每一客戶，最多只接受三十隻雞蛋；以十隻至二十隻為最合適。每次約有二十至三十名熟客，可獲免費製川芎雞蛋的服務。這些川芎雞蛋是最入味的川芎蛋，顧客認為這是機會難逢的。

　　原來，藥材舖出售的川芎，是刨成一片片薄片的。這種川芎，是製煉過的川芎；原個的川芎約似一個小芋頭般大，是黑色的。藥材舖從生藥行處買回來的就是這種似芋頭的原個的川芎，它稱為「生川芎」。生川芎要經過蒸和曬，才能入藥。因此藥材舖內，要設置一個大灶和大鑊，還要設置大蒸桶，才能蒸川芎。

　　在蒸製川芎的時候，藥材舖樂於順便替顧客將雞蛋放在蒸川芎的蒸桶內，與川芎一齊蒸。這樣，川芎經一日一夜的蒸

熬，由生川芎製成熟川芎，則放在裏面一同蒸的雞蛋，便將川芎的藥汁，全部吸進雞蛋之內。到川芎製成之時，打開蒸桶，取出川芎，也取出雞蛋，便照每一位顧客交來的雞蛋數目分配。待顧客持單據來取蛋，便將蒸好的川芎蛋交給他們。

這種服務是從前藥材舖必有的，它有兩層意義，第一是表示本號的藥材是真正的地道藥材；第二是表示酬謝顧客長期光顧，讓他們吃到自己無法製造的川芎蛋。

中藥店的包藥紙

香港中藥店用以包藥材的紙張，現時全部用白報紙依所需尺寸切開而成，查這些紙張亦經過多次的沿革。

中藥店給顧客包藥材的用紙，可以說是香港最先印上商店字號的包裝紙。在前清時期，無論大小商店的包裝紙，都不印上本店的商標或字號。只有中藥店，是首先使用印有字號的包裝紙。中藥店在包藥紙上蓋上店名，主要是向顧客負責。一包藥材煎劑，往往有八九味藥，若不用印有字號的紙包藥，顧客回家發現藥劑少了一味藥，就難以追究。若是有字號的包裝紙，則可原包拿來追問。同時，藥材舖在執藥時，因為包裝紙印上店號，便要特別小心，以免執錯藥，影響店譽。

初期，香港中藥店的包藥紙全部用土紙，即用較粗糙的玉扣紙包藥。包藥紙的尺寸，是用中國尺來計算的，分三寸、四

寸、五寸、六寸、八寸等，包裝紙都是四方形的。藥店用木板雕成木印，用紅水蘸木印印在包裝紙上；大張的用大印，細張的用小印。

到民國初年，香港的中藥店改用了土製白報紙包藥材。這種土製白報紙比土紙厚一些，但仍然是粗糙而不潔白。由於價錢平，故中藥店均樂於使用。這種土製白報紙是在香港生產的，但那間紙廠不久便停業，所以使中藥店不得不改用白報紙來包藥。

這些白報紙都是「洋紙」，購買時以一令（五百張）為一單位。藥店向紙料店買白報紙時，紙料店代切成大小不同的尺碼，殊屬方便。

現時，有專門做包裝白報紙的店舖上門接生意。它們的紙張，各種尺寸都有，且論斤計值，不必依令數開紙。

藥丸製法傳入西方

戰前我曾與一位藥材舖的老行尊談及中藥對西藥的影響，這是世人甚少研究到的課題。一般都只知西藥比中藥進步，而不知丸式西藥是吸收很多中藥而製成的新藥品種，也吸收了中國藥材舖的製藥法。他指出西藥最初傳入中國的時候，都是藥粉和藥水，並沒有藥丸。將西藥製成藥丸，是從香港吸收過去的，他的說話是有根據的。他說，香港開埠的第一間西藥房是

「屈臣氏」。屈臣醫生開設這間藥房之初，所出售的西藥全是粉劑和水劑，即是藥粉和藥水。那時並未有藥丸。他看見中國人服食藥丸非常方便，攜帶也方便；於是參考藥材舖的製造藥丸的方法，然後出重金聘請中國製藥丸的師傅到他的藥房去，用中國製藥丸的方法，以西藥原料來製造藥丸。其後更將這方法傳回外國去，外國才發展成各種丸式的西藥。

　　香港著名的藥材舖，都有自製藥丸出售，有大如梧桐子的，有細如現時通行的藥丸的；其製法不一。西人認為最可取的是小粒的藥丸，這些藥丸「細細粒容易食」，亦容易攜帶，因此便接受這種製細粒藥丸的技巧。

　　製小粒藥丸要有一套工具，這些工具用細藤織成，是一個圓形的高邊的窩籃。製藥丸的師傅，稱製藥丸為「跌丸」。製法是先在窩籃內用一個幼竹絲製成的帚子，塗一些蜜糖於窩籃的底部近邊緣的地方，然後用篩子篩少許藥粉到塗有蜜糖的地方；再用幼竹刷將藥粉輕輕挑起比芝蔴還要細小的「丸砂」，利用窩籃的圓邊把它擺動而成小圓粒。以後，繼續再塗上一些蜜糖，及篩一些藥粉進去，以逐漸搓成較大粒的藥丸。

流行一時的小販行當

「火水佬」上街叫賣

由金應元、王隱菊、田光遠三位所寫的《舊都三百六十行》，其中有「賣煤油的」一則，描述了二十年代北京有人推着煤油上街叫賣，叫賣時打着梆子，喊着：「打煤油咧！」

煤油是點燈用的燃油，北方稱煤油，香港人叫「火水」。挑着擔子上街賣「火水」的小販，在清末至上世紀三十年代香港也有，但不叫「賣煤油的」，而是通稱為「火水佬」。

香港雖然在一九〇五年已有電燈作街燈，同時很多商店也開始裝設電燈，但住宅還仍未廣泛使用電燈。直到三十年代，依然有很多住宅樓宇是沒有電燈設備的。很多家庭都用火水燈作為照明用具，火水燈的燃油就是「火水」。那時香港人還未使用「火水」作為煮食的燃料，只將它作為照明用的燃料。因此，在家庭不會購備大量「火水」應用的情況下，便產生挑「火水」上街叫賣的行業。由於這行業的人全部是男人，因此人們稱賣火水的人為「火水佬」。

「火水佬」挑着兩桶「火水」上街叫賣，叫賣時只說：「賣火水啊！」他的聲音提醒了家庭主婦看看家中的火水燈有沒有「火水」，發現「火水」已用去一大半，便立即拿着「火水」燈到門外買「火水」。

「火水佬」在挑上街賣的兩桶「火水」的邊緣，都掛着幾種量器，這些量器分一兩、二両、四両、半斤四種，另有兩個漏

頭，一個大的，一個細的。若拿火水燈到來加油，則用小漏斗和細量器。因這種火水燈通常只能容納二兩至三兩的「火水」；有些小型的火水燈只可容一兩「火水」，故用小漏斗插進燈砵口澆一兩「火水」進去。「火水」是論兩計值的。

「火水」一詞的由來

香港人稱煤油為「火水」，使很多外省人覺得莫名其妙。由於頗多物品的名稱有異，又不知其名稱的來由，便產生一種抗拒心理；覺得在香港學講廣州話是既困難又無意義。而對於一些香港人學講普通話，亦因物品名目和廣州話不同，故在學習時十分困難。倘若雙方知道物品名稱的由來，便不會感到學方言的困難了。

廣府人稱煤油為「火水」，是在外國傳入煤油之前的事。根據地方掌故和地方志記載，廣東是最先發現「水」可以點火的，這種可以點火的「水」便稱為「火水」。及到外國將煤油運來，才知「火水」是煤層中的油，但因以前叫慣了這種可生火的「水」為「火水」，雖然知道是煤油，也一直叫它為「火水」。

據地方掌故和地方志所記載，最先發現火水的地方是佛山。約在明代中葉，佛山有人開了一口井，發現井中的水有一股氣味，不能飲用，水面更浮起一層液體，用湯匙把這層液體撇出來，竟然可以點火。依據五行學說，水是火的剋星，水只

能將火撲滅，不能生火的，這口井的水竟可以生火，因此稱這口井為火井，稱井中的水為火水。其後佛山這口火井因井中的水可以點火，人人爭相汲取，水源漸涸，以後再無火水流出。

但其後在若干地區開井時都有火井開出，井中的水都可以生火，火水的名稱便流傳於廣府話地區，而成為一個共用的名詞。到了外國將煤油運來時，大家見到這種煤油，即是以前發現過可點火的水，亦即火水，故把它叫為「火水」。

賣「火水燈筒」的小販

香港雖然在一九〇五年已有很多電燈用戶，到二十年代，電燈用戶就更多；但是電燈用戶基本上只限於商店和富有的家庭，一般家庭大多數仍然是點「火水燈」的。當然所用的「火水燈」是用銅製的燈頭，用玻璃製的燈座和擋風用的燈筒。銅製的燈頭四週有多個爪子，可以把燈筒抓緊。燈頭的中央是放棉繩的地方，旁邊有一個可控制棉繩上升或下降的小齒輪。棉繩的下方伸到玻璃燈座內，燈頭有螺絲紋與燈座相配合，可把燈頭扭緊在玻璃燈座上。這個玻璃燈座裏面注滿「火水」，棉繩可把裏邊的「火水」吸到繩頭上；用火柴點着繩頭，罩上燈筒，便不怕風吹，燈火不易吹熄。這是二十年代和以前香港普遍使用的「火水燈」。

「火水燈」的規格分大型、中型、小型三種。因此用來擋風

的燈筒也分三種，這種燈筒是用薄土玻璃吹成的，所以很容易爆裂，同時很容易被火油燻黑。如果一旦被火油燻黑了，裏邊的燈頭的火光便不能透出燈筒之外，若燈筒破爛了，如不換上新的，則燈火容易被風吹熄。於是，便有人專門上街賣燈筒和擦去火水燈筒內的油煙的刷子。

擦燈筒的刷子是用鐵線將鬃毛扭成一條長形，似一條鬃毛棒的樣子。由於在製造時，會將鬃毛疊成十字形，然後用鐵線把它纏起來，纏成棒形，是以把它插進玻璃燈筒內邊，就可以將油污刷淨。這種燈筒刷，也和燈筒一樣，分長、中、短三種。賣燈筒和燈筒刷的，大部分是老年人；其中以婦女為多。當上街叫賣時，他們只叫「賣燈筒啊」，而不叫「賣燈筒刷子」。現在，這行業已因電燈的流行而遭受淘汰。

「火水燈」及其產生原因

金應元等所著的《舊都三百六十行》，裏邊有一則談到「賣洋燈罩的」，原文如下：

舊時煤油燈罩的玻璃極薄，一碰即碎。燈罩經油煙一燻容易燻黑，主婦們每天擦燈罩是一件很傷腦筋的事。擦時，先用手捂着燈罩的一頭，另一頭用嘴呵氣，再將竹筷子上綁個布錘頂塊白布擦拭，這樣才能擦得乾淨。有時一

不留神便容易把燈罩捅破一個小窟窿，只好黏上一塊報紙擋風。碰碎了只好換新的。

　　賣燈罩的，每晚挑着兩個竹筐，內裝大小三個號的燈罩。大的銅元十數枚，小的銅元六七枚。也代賣燈捻，係用線織的，好像線帶子。賣燈罩的小販下街吆喝：「賣洋燈罩咧！」

　　這一則記載，說明北京當年也和香港一樣，有人上街賣玻璃燈筒，北京稱燈筒為「燈罩」。值得注意的是在燈罩之上，加一個「洋」字，稱「洋燈罩」。這說明北京所用的「火水燈」，其形狀、設備，都是和香港所用的相同，而且說明了，最初這種「火水燈」是從香港輸入內地的。

　　作為「火水燈」燈芯的棉繩，是用棉線織成帶狀的。這因為只有成帶狀，才能使之插進燈頭內成一圓形。點亮之後，火光向四邊燃起，照明度大。這種設計也是香港設計的，實際上是仿照歐美的「火水燈」的燈繩而製成的。故這種燈在國內，除廣東省外，大部分都稱為「洋燈」。

　　「洋燈」是對油燈而言的，中國從前的燈，是用木油來做燃料；燈繩是一條條的，是以火光如豆。若要照明度大，就要燃點多條燈繩，圍繞在燈蓋的四周。

　　香港有一位學者，曾到日本去開學術研討會，會後閒談時，有位英國學者問：「中國人是吃飯的民族，有數千年吃飯的歷史。為什麼中國人不去研究製造電飯煲，卻被日本人研究成功？」來自香港的這位華人學者告訴他，在四十年代，中國各

大城市的電力供應仍很落後，農村市鎮仍是沒有電力供應的。就以香港為例，在五十年代，新界鄉村仍是沒有電燈的，在缺乏電力供應的情況下，怎能考慮到研製電飯煲。日本也是在戰後全國普遍用電的條件下，才能研製電飯煲的。

這一觀點是很正確的，只有在做學問時兼研究生活史才能瞭解每一個時代的產品的產生原因。就以「火水燈」為例，在沒有「火水」大量供應的年代，便沒有「火水燈」的製造，更沒有用作避免風吹的玻璃筒的製造。

香港是最先製造「火水燈」的，原因是「火水」自美國大量外輸的時候，首先是運到香港。而香港開埠初期各洋行和洋行大班，英軍的軍營和船上所用的燈，都是「火水燈」。香港的打銅工匠和玻璃匠最先仿製外國的「火水燈」供外國人使用；其後「火水」大量運到，售價又低廉，才製造廉價的「火水燈」供普通人使用，並隨之而運入內地。「火水燈」的製造技術並不深奧，故國內也隨即可仿照香港所製造的「火水燈」而大量生產，是以「火水燈」的形式，幾乎是全國一律的，這都是照香港的「火水燈」模式的。

香港銅鑼灣有一條琉璃街，這條街在清末是玻璃廠集中開設的地區；而玻璃廠當中，有很多是製造燈筒和燈座的。

「修整洋遮！」

我們現在所用的鋼骨布雨傘，並不是中國雨傘，俗稱「洋遮」。很多人以為於年前結業的梁蘇記遮廠是香港第一家遮廠，其實香港最早開設的遮廠並不是用鋼骨和布造傘的，而是用竹和紙；這種才是中國地道的雨傘，俗稱「油紙傘」。

曾在上海江海關任職的周志驊，從海關檔案中搜集很多資料，寫了一本《中國重要商品》，其中第十一章「紙傘」第一項云：「中國紙傘之製造，各地皆盛，而廣州、九龍、汕頭、廈門、福州、溫州、寧波、長沙等地尤為該業出產之中心」。可知當時九龍製造的雨傘，是紙傘，而不是布傘；並且九龍已成中國雨傘的製造中心之一。其產品遠銷往南洋各地方，本銷亦頗大宗。

這種雨傘以竹枝作為撐開拉合的傘骨。為防傘骨鬆弛，則用線織成一網絡，及用兩個竹製的齒輪使傘骨固定起來。織好傘骨之後，再糊上雁皮紙；然後在紙上塗上多次桐油。由於桐油能防水，故能擋雨。當時，九龍所製的雨傘是屬於廣裝傘。廣裝傘的特點是傘骨鬆紅色，合起來時是一柄紅色的傘；但撐開則是黃色的；而傘的面積則夠大。它們不僅被泰國、新加坡、印尼等地所樂於採用，就是北方的人，亦歡喜用廣東裝的雨傘。不過九龍雨傘廠所製的雨傘不會運往北方，只有廣州和汕頭的雨傘會北運。

直到二十年代，普通人仍多用油紙傘；用布傘的已經是中

上人家。當時一柄油紙傘只售二角，而買一柄洋遮（布傘）則要一元半。

廣東裝的油紙雨傘不僅運銷海外，同時也運銷國內。在《舊都三百六十行》裏，有一則記「修理雨傘、旱傘的」；其中談到廣東雨傘在北京頗受歡迎，其記云：

> 修理雨傘旱傘的，多在夏季挑着擔子，走街串巷攬活計。挑子裏分別放着修理傘用的油紙、刷子、血料、桐油、膠水、細麻繩、細鐵絲、刀剪、鉗子、夾剪等物，其吆喝聲為：「修理雨傘旱傘！」也有喊：「拾掇雨傘旱傘！」
>
> 過去北京人使的雨傘，多係廣東製造的竹把油紙雨傘，日久天長難免有破損之處，或竹骨子折了。待修傘的下街來了，便叫到家門口，讓其修理。雙方視傘破損程度、費工與否、用料多少討價還價。

這一則記述說出了當時北京居民都喜歡使用廣東製的油紙傘，也將從前修補雨傘的情形寫了出來。至於這些雨傘有沒有從九龍運往北京，就不得而知。不過，香港也有同類的修理雨傘的上街擔子。只是香港的上街修理雨傘的，卻不修理油紙傘，而是修理鋼骨的布雨傘。香港上街修理雨傘的擔子，也是挑着兩個木箱穿街串巷的。從他的吆喝聲，亦可知這種雨傘是外國的形式的雨傘，他們叫道：「修整洋遮！」就是說，我們現在所使用的，本是洋式的雨傘；中式的雨傘，是油紙竹骨的雨傘。

　　香港早已沒有製造竹骨油紙傘，但它在香港卻仍然可以買到。因為福建和湖南仍有製油紙傘的工場，那裏的產品會運銷香港。其中長沙的油紙傘，經改良後頗為美觀，在傘上繪了多姿多彩的圖案。記得抗戰時期，長沙已把舊式的油紙傘改良，成為戰時大後方主要的雨傘。

「補鑊佬」與「賣布的」

　　香港從前有上街補鑊的，這種專門替家庭式商店修補飯鑊的人，通稱「補鑊佬」。他們是擔着一副擔子上街，擔子裏有各種修補鐵鑊的工具，在上街時只叫一聲：「補鑊！」

　　「補鑊」一詞，現時成了補救過失或漏洞的形容詞。例如一件事情弄僵了，要想方設法去補救，則稱為「補鑊」。可見現時雖然沒有人補鑊，但因補鑊是從前流行的事情，才會把這個詞保持至今。

　　至於一隻鐵鑊穿了孔，「補鑊佬」是怎樣去把鑊修補？相信很多人不曾見過，這裏且引金應元等著的《舊都三百六十行》有關「鋸鍋、箍漏鍋的」一段加以說明：

　　　鋸鍋箍漏鍋的推着小車過來了。車上有修理工具和小火爐子。住家戶有鍋底漏水或有裂痕的，他們把裝上鐵屑的鐵碗放在火爐子（帶有風箱）上燒，將鐵屑化成鐵水，

倒在濕布上，黏補漏鍋處，再經過鍛壓，即可將鍋補好。
至於鋸鍋，是用鐵鋸子打眼，鋸好後再用鐵水黏補鍛壓。

　　北京人所稱的鍋，就是我們所稱的鑊。補鑊所用的鐵是鐵
粉，因鐵粉容易燒熔；放在火爐上的那個鐵碗是有柄的，將鐵
粉放在鐵碗上燒成鐵水，然後澆到鑊內的穿孔處去。那穿孔的
鑊下面，平鋪濕透水的布；鐵水澆到上面，濕布使鐵水冷卻，
使將漏孔補好。補好之後，再放在爐上燒紅，用鎚子打壓，使
之平滑。這就是補鑊的方法。

　　北京人所謂的「鋸鍋」，是用鋸子鋸鐵片打孔，用鍋釘釘
補裂孔太大的鐵鑊的方法。穿孔超過一吋時，便不能用鐵水澆
補，要用鐵片打釘「鍋」好，再澆鐵水修補。

隨着社會不斷進步，昔日小販成行成市的現象看來會逐漸改善。

　　在《舊都三百六十行》有「賣布的」一則，它敍述從前北京城內有河北各縣的老鄉，把布疋拿到街巷去叫賣，這種賣布的，在香港從前也有。

　　戰前香港賣布的布販，是向花布街的布舖賒賬買幾匹布，托在肩頭上沿街叫賣的，他們叫賣的布，只限於黑膠綢和雲紗等幾種。由於上街賣布的大部分是中山縣二區的隆都人，因此口音都很接近，他們托着布疋，邊走邊叫道：「有靚紗綢賣！」口音帶隆都口音，叫得非常悅耳。婦女們聽到他的叫聲，便從屋內出來看貨，賣紗綢的，將布疋放下，用一塊藍布墊在地上，讓婦女們參觀，合意的就議價講價。

　　黑膠綢和點雲紗是戰前極流行的縫衣的布料，但只限於夏天縫夏衣之用，到了秋冬季節，賣布的布販不賣黑膠綢，而改賣毛布和棉布，他們是用一塊大白布包裹着多種布料，沿街叫賣，叫法和夏天賣黑膠綢的叫法不同，他們叫喊的聲音是這樣的：「有靚西衣絨、毛布賣！」

　　上街賣布的除了這一種之外，亦有用擔竿前後放着兩個竹籃，籃中放着花布的，這一種的賣布，和上一種不同，稱為「賣布碎」，是布販向花布街布舖買下裁剪下來不足夠一件衫或一條褲之用的布尾帶上街叫賣，這種賣碎布的，北京城稱為「賣布頭」。

賣燒鴨與箍木桶

香港從前有上街賣燒鴨的小販。賣燒鴨的擔着一副擔子，放着幾隻燒鴨、鹵水豬雜和鴨雜，上面有個鐵線幼孔紗蓋。當把燒鴨等食物罩好後，賣燒鴨的便擔着擔子穿街串巷叫賣；叫賣時，只吐出兩個短促的字音：「燒鴨！」

北京從前並沒有穿街串巷賣燒鴨的，但卻有人賣肥鹵雞；兩者所賣的雖然不同，但情況完全一樣。《舊都三百六十行》內，對賣肥鹵雞的情形，有如下的描述：

> 老北京賣肥鹵雞的，除個別人自行製作外，一般都有鍋伙，即找地方為製作場所，買來很多雞一起製作，然後售賣。……賣肥鹵雞的拎着裝着鹵雞的圓籠，走街串巷，吆喝聲為：「肥鹵雞！」

北京當年上街賣鹵雞的，並不是挑擔子，而是挽着一個大型的圓竹籃，這和香港上街賣燒鴨的不同。香港賣燒鴨的小販是擔起一擔木製的櫃形擔子叫賣，他的顧客是家庭主婦和商店的老闆，連小孩子的生意也可以做的。因為他的擔子裏有鹵鴨腳和鹵水鴨腸；只要有一個銅錢，就可以買到一隻鴨腳或一串鹵水鴨腸。家庭主婦有時無暇上街市買菜，每每聽到街上有人叫賣燒鴨，便出來買些燒鴨或鹵水豬雜等作餸菜。是以賣燒鴨的，多在下午三時才上街叫賣。

每到農曆的初二日和十六日，賣燒鴨的生意便非常好。原因是這兩天屬於做禡[2]的日子，住在距離街市太遠的商店，做禡要「加料」給夥記作餸菜，見到賣燒鴨的便拿一隻大碟出來，「斬」半隻燒鴨作為做禡加餸之用。現在雖然沒有小販上街賣燒鴨，卻仍有小販在街邊賣燒鴨的。

《舊都三百六十行》裏，談到北京從前上街的工匠，有一種叫「箍桶的」。書中描寫箍桶的人幹活的情形云：

> 過去由於搪瓷來自外洋，價格貴，北京一般老住戶都用木桶、木盆。如大橢圓洗澡盆、淘米用的木桶、小便用的小木桶、洗臉用的木盆等。另外，還有橢圓形扁式盛食品、糧食的木桶。因此箍桶的生意是不少做的。
>
> 木桶若是長期水浸，是不容易壞的，只有桶外的竹篾或鐵條經過多年風吹日曬，才容易斷裂。所謂「箍」，即將已散了的木桶片用竹篾或鐵條重新捆緊，板槽不漏水即算完成。

香港在三十年代以前，也有專門上街替人箍桶的工匠。這些工匠並不是天天都上街的。他們一個月只有幾天上街，原因是他們都有固定的長期主顧，每天先到長期主顧那裏去看看有沒有桶可箍，如有便不上街，沒有才上街叫着「箍木桶木盆」或叫「補桶啊！」

2　商家於每月農曆初二日及十六日祭祀土地神，以求生意興旺。

　　北京人用木桶木盆的情形，和香港人差不多，只是少了一些用木桶多的行業，例如魚欄和漁船，這些行業用木桶最為大宗，而且魚欄和漁船多集中在一起，故箍桶的先到這些行業去看看有沒有生意做，如有便不上街。此外，酒樓的洗碗木盆，及商店到街邊水喉挑水用的木桶，也都是很多的，有時箍桶的在一條街上，只做幾家商店的生意已夠了。

　　箍桶的木匠，也是挑着一擔箱子上街的，他除了會箍桶之外，還會補桶。有些木桶的板塊裂了，就要補，有的要換過一塊木塊。

「梳得靚」與「省得靚」

　　從前，中國婦女是留長髮梳髻的。由於髻子纏在後面，自己不容易梳理，於是便有專替婦女梳頭的服務行業。對於這種行業，香港人稱之為「梳頭婆」。

　　這是一種全國性的行業，它在各省會、各大都市裏都有。原來北京也叫她們作「梳頭的」，《舊都三百六十行》記北京「梳頭的」，可供比較參考：

　　　　老北京的旗人婦女，都梳着「兩把頭」。那時富有之家，多僱用梳頭的按時到府邸應差。梳頭的，均係家境貧寒的中年婦女。她們按規定的日子，隔幾天去府邸給婦人梳「兩把頭」，或給老爺們梳辮子，每月掙工錢一二元不等。梳頭的婦女，必須乾淨利落，衣飾整齊，手拿白布包

袂，內包梳頭用具，去到宅門，見着老太太要請安問好。
如每月有幾家僱用，一個月能賺幾元或十幾元。

　　二十年代以後，滿族旗人日趨衰落，梳「兩把頭」已
改梳「旗鬆」（即抓鬆），就不再僱用梳頭的了。

　　這是指北京從前上門梳頭的「梳頭婆」，在香港也有按時上
門梳頭的「梳頭婆」，但這些上門為富家太太梳頭的並不如北
京那樣的低微，而是在梳頭界上梳出了名堂來，才有人請上門
梳頭的；而且梳頭的代價，並不是一個月一兩塊錢的。

　　香港有錢人家的太太都很注重髮型。在清代，婦女的髮型
都在那隻髻上，並不如北京的旗人婦女只梳「兩把頭」。上門
梳頭的「梳頭婆」，常常
要考心思，為富商太太設
計髮型。她們為某一位太
太設計了一種新型的髮髻
後，往往很快便流行起
來；其他的「梳頭婆」也
要研究這種髻是怎樣梳
的，因為她們的主顧亦會
要求理這種髻型。

　　《舊都三百六十行》
有一則記舊北京有「賣擦
銅藥的」，先看看北京舊
日賣擦銅藥的情形，然後

當年有能力請人上門梳頭的，非富則貴。
一般人家的婦女只能到街上找「梳頭婆」
理髮。

再談談香港舊日賣擦銅藥的，便知這兩個城市雖然天南地北分開，卻有很多相似之處。那則記敍是這樣說的：

賣擦銅藥的，多在街頭或廟會鋪塊包袱皮擺個地攤，上面擺着許多包有擦銅藥的小紙包和一些碎銅片。在圍觀群眾多時，他便讓人打開一包擦銅藥，由他倒在小碗內，倒上點醋，用布頭沾藥，在一塊碎銅片上來回擦蹭，直到鋥亮為止。大家看了認為擦銅藥確實不錯時，他便開始宣傳售賣，兩枚銅元一包，一會兒便能賣出不少包。

香港在二十年代至三十年代，甚至戰後初期也有這種攤檔，而且與北京的完全相同，都是在街邊擺地攤，或在榕樹頭、大笪地等處擺賣。但香港賣擦銅藥的，並不是用銅片來擦亮的，他們是利用銅仙來擦，把銅仙擦得閃閃生光；在擦時更高聲叫嚷，像唱歌謠似地唱起來：「省（擦）銅粉，係銅都省得立立靚。唔怕睇住我省。呢個銅仙黑夾啞，省幾下，唔同晒。黃銅省到變白銅，白銅省到銀一樣，越省越靚！」

這種擦銅粉的製法，是用牙灰為主要的材料，在牙灰裏加些白醋。為了避免人們看出這些是牙灰，是以用顏料將白醋染了顏色，然後和牙灰拌勻，最後，加一點水銀進去，拌勻後，便成「省銅粉」。後來由於水銀價高，就用牙灰和醋製成。在二十年代至三十年代，這類賣擦銅藥的在西營盤、大笪地、榕樹頭都有擺地攤出售，箇中情形和北京的相同。

「東西菜」與「炸蠶豆」

《舊都三百六十行》另有一則記北京城內從前有小販挑着擔子沿街叫賣「南貨」。這一則是這樣寫的：

> 在老北京有一種南方小販，肩挑擔子，一頭為木製小圓籠，上扣尖頂斗笠；一頭也是木製小圓籠，內裝各式各樣南式點心及罐裝江米酒等等。這是賣南味食品的。
>
> 這些小販多是揚州或鎮江人。其貨品多係從南方或北京的南味食品店蘑來⋯⋯

在二十年代和三十年代，香港也有這種揚州式鎮江小販挑着擔子上街叫賣。他們叫賣的聲音是：「賣東西啊！」而所賣的東西，完全和上述所描寫的一樣，有淮揚的糕點和食品。由於香港在長江之南，因此香港人便稱這些為「北貨」而非「南貨」；北京因在長江以北，因此稱他們所賣的為「南貨」。在稱謂上彼此不同，實際上是同一事物。這些賣揚州食品的外省人所挑的擔子，除了載貨物之外也載衣物、被鋪。他們穿州過省地叫賣這些食品，由於叫賣時高叫「賣東西啊」，因此人們稱他們為「東西佬」（賣東西的人）。

這些「東西佬」所賣的一種北方醃製的大頭菜，既不太鹹又爽口，最受小孩子歡迎。這種切成一片片的大頭菜，花一個銅仙有五六片之多，小孩子拿着來逐小片逐小片地咀嚼，可吃

上大半天。小孩子不知道這種是什麼菜，因為只有在「東西佬」處才能買到，因此名之為「東西菜」；意思是從賣東西的外省人那裏買來的菜脯。

一九三七年，「盧溝橋事變」之後，這種賣北方食品的「東西佬」已不再在香港出現，戰後也就絕跡。

《舊都三百六十行》所記述的許多行當，其中有很多也是舊香港所有的；例如書中提到二十年代北京有「賣爛蠶豆的」，在香港也有同樣的小販。

每年夏季，當新鮮的蠶豆上市時，便有人買來再用花椒八角等五香材料將之煮熟，然後連同瓦煲，放在一個提籃內，挽着上街叫賣。他們的叫聲是：「五香蠶豆啊！」或「新鮮五香蠶豆啊！」小孩子和家庭主婦聽到他們的叫聲，便跑出來光顧，每人只需付出一個銅仙，賣蠶豆小販便會拿起一張由舊報紙剕成的方紙塊，用湯匙將煲內的蠶豆澆到紙上；一個銅仙的五香蠶豆約有兩湯匙的份量（約有二十粒）。這種賣五香蠶豆的，也有在固定位置擺賣的。中環的閣麟街就有在街邊擺賣五香蠶豆的小販；其他地區的同行則多是沿街叫賣。在閣麟街擺賣的小販，還有炸蠶豆出售。

炸蠶豆是用新鮮的蠶豆放在油窩內用沸油炸熟。當蠶豆被炸開時，蠶豆的豆殼便和豆分開，炸得黃黃熟熟才撈起出售。炸蠶豆比五香蠶豆為昂貴，一個銅元只可買到一湯匙，吃時撒放一些淮鹽，別有一番風味。

現時街邊甚少炸蠶豆出售，但是卻有食品公司製造酥炸蠶豆，用密封透明膠袋包裝出售。是以這種食品，現時仍可吃

到。至於五香蠶豆，目前只能到上海菜館等食物店才有。蠶豆以夏季為收穫期，故夏天吃的是新鮮的蠶豆。過了蠶豆收穫期，已無新鮮蠶豆供應，但是卻仍有乾蠶豆運來香港。因此冬天依然有五香蠶豆上市，但只是用乾蠶豆來炮製而已。乾蠶豆的殼厚而硬，最易分辨。

「百鳥歸巢」與檳榔攤檔

《舊都三百六十行》有一則題為「賣自捲煙卷的」，其內文是這樣寫的：

> 有的小販自製捲煙卷的機器，用木製長方形匣子，中有木槽，上覆以漆布，內裝入煙絲，鋪上煙卷用紙，經過一捲即可捲出煙卷來。這種自製的煙卷兩枚銅元即可購得一盒（十支）。
>
> 他們的原料除收購煙頭外，還摻以煙絲或煙葉。有的讓孩子們奪撿煙頭供捲煙卷用，賣自捲的煙卷，俗稱為「快手公司出品」。他們多於街頭擺地攤，設小桌，當場表演捲煙技巧，有的還真捲得挺快挺好。

看了這一則記載，就知道從前北京也和香港一樣，都有利用煙頭來翻製香煙的街頭攤子。不過其名稱不同，北京人稱之

為「快手公司出品」，而香港人則稱這種街邊賣的捲煙為「百鳥歸巢」。

香港在二十年代至四十年代，都有人在街上撿拾煙頭。當時的香煙是甚少有濾咀的，吸香煙的人又習慣把煙頭拋在路上。這些煙頭裏邊還有煙絲，收集起來，拆去煙頭上的煙紙，便可撿出煙絲來重捲香煙了。

香港稱這種捲煙為「百鳥歸巢」，可說十分貼切。因為這些煙捲是經過收集各種牌子的煙頭後，再拆出煙絲而製成，有如百種牌子的香煙集於一，故名為「百鳥歸巢」。反觀北京舊日稱之為「快手公司出品」，則無法從名稱上瞭解它是用各種牌子的煙頭製成的。須知用任何煙絲都可以很快手地捲成，「快手」不足以形容這種賣煙的性質。

現時六十五歲以上的「老香港」，當會記得從前香港街邊有不少賣檳榔的攤檔，足見當時愛吃檳榔的人之多。

賣檳榔的小販，是使用一把利剪將新鮮的檳榔剪開一個個小角，然後用一個碟子盛着。攤檔上還備有多種配料，一種是青蒟葉；一種是檳榔糕。此外亦有糖椰絲和糖粉。青蒟葉是一種攀沿植物的葉子，這種葉子有一股辛辣的氣味。有人要買一口檳榔吃，小販就用一片青蒟葉將檳榔包着，遞給顧客；顧客就將檳榔連青蒟葉放進口內來咀嚼，這是最簡單的吃檳榔法。在三十年代，一口檳榔只售一個銅仙，但這只是小口檳榔。

大口檳榔售二銅仙，除了檳榔較大口之外，青蒟葉亦加多了兩塊。把青蒟葉捲成一個雪糕筒的形狀，檳榔放在其中，另在上面加上一湯匙的檳榔糕。這一口大檳榔，十分夠刺激，因

為檳榔糕是很辛辣的,有如芥醬般。吃慣檳榔的人,要吃這種大檳榔才夠味。也有人怕味道太辛辣,不加檳榔糕,而要求加兩邊糖椰絲和糖粉。

檳榔檔開設的地點很多,南北行街口、石塘咀、上環街市對面的皇后大道中的路邊、中環街市對面、灣仔大道中近現時合和中心對面的騎樓底、春園街近修頓球場的街口、九龍的油麻地等地都有這些檳榔檔。上至大老闆,下至販夫走卒,都會光顧吃檳榔。第二次大戰之後,上環街市對面和灣仔大道東仍各有一檔,這兩檔檳榔算是最長壽的檳榔檔。到五十年代,上環的一檔已失蹤;六十年代,連灣仔的一檔也不見了。

抄襲外國　事出有因

百年來香港服裝雜談

　　很多外國服裝設計者，認為香港的服裝設計，是抄襲他們的。這種觀念由來已久，可以說是從香港開埠起即已存在。究竟香港的服裝是否完全抄襲外國服裝？以及「抄襲」當中有何來龍去脈？至今，香港的服裝設計師尚未加以研究。因此，這裏不妨談談香港人所穿衣服的發展情況，當有助於服裝設計者對這方面的認識，並告訴攻擊香港服裝抄襲外國的人，是他們在歷史上鼓勵香港人抄襲而做成箇中局面，這個責任不在港人，而在他們。

　　香港開埠之前，澳門是一個國際貿易港，也是一個國際城市。當時歐洲各國的商人及其家屬，都在澳門定居，這些商人全部穿西裝。男的和女的服裝，都是當時歐洲最流行的。到了乾隆年間，澳門已有很多中西混血兒。印光任和張汝霖當時由清政府派駐澳門附近的前山擔任澳門海防同知，他們寫了一本澳門情況報告書給乾隆皇帝，此書名《澳門紀略》，提及很多華人已穿洋服和「打鬼辮」。原來當時歐洲人的男人髮型是將長辮擴成一條小辮子的，這種小辮子髮型與清朝的長辮髮型不同，稱為「鬼辮」。

　　當時澳門已有華人洋服店開設，西人是在澳門鼓勵華人穿西服的，故華人已懂得裁剪和縫製西服，亦有很多西人光顧華人洋服店。他們將歐洲流行的服裝款式叫華人洋服師傅照樣製

造。因此做成洋服師傅抄襲歐洲服裝的習慣。

　　香港開埠後，澳門的華人洋服師傅也來香港開業，香港有更多的歐美人士來此定居。期間，不論男裝的洋服在香港製造，女服也在香港製造，甚至洋裝的男女皮鞋也在香港製造。這些男女服裝的款式，都是由西人將歐洲尤其是法國和英國的時裝帶來，叫縫衣匠照式樣縫製的。這是一開始就形成抄襲習慣的原因。

穿長衫的記者

　　香港西式服裝的抄襲習慣的根源已如上述，但是中式服裝則又自有天地，不能說是完全抄襲的。首先是在民間通行的平民服裝，這些服裝，通稱「唐裝」。「唐裝」是分便服和禮服兩種，在小市民方面，很多都沒有禮服，所穿的完全是便服。禮服是指長衫和馬褂。

　　先說馬褂。馬褂是一件短衣，穿在長衫之外。馬褂的鈕扣是在胸前中線，在縫衣術語稱為「對胸鈕扣」。這是清朝的服裝。滿清皇帝對有功的臣子，贈以一件黃馬褂作為記功的獎賜，稱為「御賜黃馬褂」，這是配在長袍外面的配搭品。因此民間亦仿照這種配搭，製成馬褂，作為禮服的配搭，但通常是黑色的（只有皇帝御賜的馬褂，才用黃色的）。因此，沒有穿馬褂而只穿長袍（長衫），也算是禮服。長衫的地位，與西人

穿全套的西裝及結領帶相同。因此，香港開埠之初，固然有華人穿西服的，但亦有西人穿長衫的，這是説明長衫和西裝的地位是相等的。早期的傳教士，以及樂於與華人接近的西人，都有請中國縫衣匠度身訂造的。香港第一任撫華道（此職後改為華民政務司，今稱「政務司」），就是穿長衫的。此人名叫郭士立，他留下頗多穿長衫的照片。此外若干基督教傳教士也常常穿長衫的。

在一個長久的日子裏，有幾種人是穿長衫的，例如學校的教師，是穿長衫上課的，銀舖的掌櫃，以及銀舖的行街先生，也是全年穿長衫的。還有南北行的商人，以及南北行那些到洋行去接洽生意的出市代表、洋行的華人買辦，都是長年穿長衫的。另一種名叫禮生的人，也是穿長衫的。禮生，今稱「司儀」，專門在婚喪兩種禮儀中，擔任司儀工作，俗稱「堂倌」。直到今日，仍是穿長衫作為禮服，擔任司儀的，這是現今能見到的舊時制度的一種遺跡。

香港早期的報紙編輯、記者、廣告員，都是全部穿長衫的。記者從前稱為「訪員」，這個名稱沿於從前編縣志時，編縣志的主編要派員到各地去實地採訪當地的情形，並將之記入採訪冊內，作為編縣志時採用。這種採訪員與報紙採訪的工作相同，故名「訪員」。他們也是穿長衫的。

女服設計重視鈕扣

　　過去為一般香港人愛穿的「唐裝衫」，亦有不同時期的變化。表面上看，好像款式幾十年沒有改變，其實是有改變的。在一八七〇年以前的「唐裝衫」，前面對胸所開的鈕扣是很密的，由頸上起第一粒鈕扣，到最後近衫腳的鈕扣，共十二粒鈕。同時，衣領是很短的，短到近於沒有衣領。褲是以寬闊為主。到一八七五年開始，「唐裝衫」的衫鈕才開始減少，由十二粒鈕減為八粒，衣領也略為高一點，衫袖也寬一些，褲也比較窄一些。

　　鈕扣方面，一向都是用原衫布結布鈕的，鈕分鈕扣和鈕耳兩部分，鈕耳釘在左邊，鈕扣釘在右邊。約在一八八〇年左右，香港已有機器廠之設，機器廠能依照西洋運來的機器加以改良和製造，當時未有電力，大部分機器都是手搖的或腳踏的機器。當時已有腳踏的打磨機和穿孔機，有了這種機器，才能大量生產用牛骨或牛角製成的鈕扣，這種鈕扣，稱為「骨鈕」。

　　因此，從十九世紀九十年代開始，「唐裝衫」的鈕扣，已有很多開始改用「骨鈕」。鈕扣也成為服裝款式的主要部分，當時婦女方面的服裝，特別是富有人家的婦女，非常重視鈕扣的設計，除了將布鈕結成種種花款之外，更用各種不同的鈕以裝飾衣服。例如用銅製成的銅鈕，用黃金製成的金鈕，還有用珍珠作鈕扣的。一八九〇年，美國的五角金幣，由華僑大量帶回香港，婦女也用來作鈕扣用；至於香港的五分銀幣，也被利用為銀鈕扣。從十九世紀九十年代起，婦女服裝以鈕扣設計為

最具特色，這種風氣，可以說一直影響到現在。至於普羅大眾的衣服，當然談不上服裝設計。普羅大眾但求有一衣蔽體已經滿足，不管是什麼款式，其中出賣勞力的人，更加是不講究款式。我們在現存的一些古老照片可以見到，香港自開埠到本世紀初，所有出賣勞力的人，在夏天多是赤膊工作的，他們只在肩上搭一條汗巾，褲子則是千瘡百孔的。而冬天的衣服，則是南北服裝都有，原因就是勞動者沒有能力縫製新衣，他們只能夠到舊衣店去買舊衣禦寒。舊衣是各種服式都有的，有些外省舊衣，也運來香港出售，是以普羅大眾的衣服，南北服裝均有。

成人化的兒童服裝

關於兒童服裝，一向都是仿照成人的服裝加以變化而成的。但有兩點不同，第一點是比例上較成人服裝的長度短，第二點是比成人服裝的闊度窄。這是避免兒童因衫褲太長太闊而不易活動。兒童服裝仿照成人服裝而設計的原因，主要是訓練兒童在較為長大時能自己穿衣和脫衣，以及知道一點禮儀及儀態。假若兒童服裝不依成人服裝設計，從兒童到成年之時，成年改穿不同款式或結構的服裝，便要再由父母教他穿衣。兒童服裝由成人服裝變化而成，則兒童在十一二歲時，已能自己穿衣，到成年時一切衣服都可自行料理，毋須再重新學過。最主要是穿上成人服裝後，其儀態也隨之而成年化，這是兒童服裝

依成人服裝設計的主要原因。

　　二十年代有些新文學作品，譏笑中國的兒童服裝仿照成人服裝設計，認為是把小孩子變成小大人，完全失去活潑性。他們看見外國的兒童穿的服裝很活潑，例如外國的小孩子穿上運動服裝，顯得天真活潑，而中國的小孩子穿長衫戴卜帽，儼如一位小冬烘先生[3]。他們不知道外國的兒童服裝也是仿照他們的父母的服裝設計的。外國的成年人喜愛運動，婦女喜愛跳舞，故而男女童裝也都是仿照他們的成人服裝設計的。這些作品的作者，由於不明兒童服裝設計的根源，憑主觀去作評論，是屬於搔不着癢處。須知服裝設計，是有社會背景的；特別是兒童服裝的設計，是離不開社會風氣的。

　　在光緒末年，香港已有兒童穿恤衫短褲和球鞋，跟隨喜愛體育運動的父親到球場去學踢足球。當時香港有一群熱愛體育運動的華人，發起了組織華人體育會，這群喜愛運動的華人的子女，也仿照父親穿運動服裝。只因當時社會風氣仍未重視體育，故穿運動服裝的兒童是不多的。

　　民國成立初期，兒童服裝尚未全面變化，主要原因是當時社會上有一批名流，仍然抗拒改變服裝形式，他們提倡「剪辮不易服」運動，即是認為清朝的長辮子的髮型可以改變為外國的髮型，但是服裝則仍然保持清朝的傳統，此運動遂令當時服裝仍很保守。

3　《唐摭言》：「主司頭腦太冬烘，錯認顏標作魯公。」後稱昏庸淺陋的知識分子為「冬烘先生」。

用「西裝絨」改良長衫

在中國，香港是最初使用外國衣料製造長衫的城市。在香港開埠前，國內的長衫是用土布製造的；秋天用雙層布製造長衫，稱為「夾衣」；冬天則用棉花製成長棉袍；嚴寒時，內層改用獸皮，便成皮袍。香港開埠後，有

從前香港的兒童服裝，都是仿照成人的衣着變化而成。

頗多英國的呢絨運來，這些呢絨本是供製洋服用的，香港人把它製成長衫，於是將這些呢絨稱為「西裝絨」。香港的冬天並不很寒冷，用「西裝絨」製長衫則頗為適合。在不太冷的冬天穿「西裝絨」長衫最為適宜，若穿棉袍或皮袍則太熱，穿夾長衫又覺得冷，穿呢絨長衫是最適宜。這種呢絨長衫在款式上，有很大的改動，與傳統長衫有所不同。

男裝長衫的結構稱為「五幅齊」，那是五幅布組合而成的。前面兩幅布，其中一幅收在裏面作為衣袋的內幅，是以傳統的長衫只有一隻袋子。由於只得一隻袋子之故，在寒冷的時候，雙手要穿在衣袖的裏面來取暖，故長衫的衣袖是頗闊的，以便左手可穿進右衫袖管內，而右手可穿進左衫袖管內，雙手在袖管內取暖，並可放在胸前。香港利用西裝絨料製長衫時，也依照西裝的左右褲袋的形式，在長衫左右兩邊近腰部另開兩隻斜斜的袋子，這兩隻袋子可以將手插進去取暖，並可以用來放手帕或碎銀。

這是香港改良的長衫，即是有三隻袋子的長衫。最初是用呢絨製長衫時才用這種款式的，後來連縫製棉布夾長衫或棉袍時也採用了。

長衫只是大衣，在長衫之內還要穿上一套短衣褲的。這一套短衣褲是穿長衫時必備的配搭，這套衫褲就是「唐裝」衫褲。「唐裝」衫褲是屬於便服，衫是對胸扣鈕的，共有四個袋子，近腰部的兩隻袋子較大，近胸前的兩隻袋子較小，褲子是很闊大的，褲子分褲和褲頭兩個部分，褲頭用較薄的布製成，穿褲子時靠用褲頭摺疊，再用內裏的繩帶綁實。配長衫的「唐裝」衫的領子比長衫的領子略高一點，衣袖則比長衫的袖長許多，以用來反出外面包着長衫的袖子，一般是用白色的布料縫製。褲子的褲管的長度比長衫的長度略短，故穿起來時，長衫可遮蓋着褲管。西人把這套衫褲稱為襯衣，把「唐裝衫」比作西裝的恤衫，故長衫可作禮服之用。

早期的「學生裝」

　　香港的學生服裝，現時通稱為「校服」。「校服」是在學校教育高度發展下才出現的，在還未發展到形形色色的學校時，尚無「校服」一詞，只稱為「學生裝」而已。

　　早期香港教育仍以私塾的形式出現，有些名師所設的私塾，收費昂貴，故學生均為有錢人家的子弟，老師規定學生必須穿長衫上課，長衫便成為早期的「學生裝」。香港第一間政府辦的官立學校，即中央書館，當時亦規定學生穿長衫；夏天穿白色的長衫，冬天穿灰色的長衫，其他教會學校亦以長衫為學生服裝。

早期香港的學生服裝乃一襲長衫，而在富家子弟就讀的學校裏，卻有個別學生喜穿西服。

　　女學生的服裝，是一律穿白衫黑裙。是以白衫黑裙為早期的女學生服裝。香港早期已有女子學校，專收女學生讀書，這些女校亦以白衫黑裙為女學生的服裝，女學生服裝其實是師母式女教師的服裝，男學生的服裝也是男教師的服裝。當時男教師亦穿長衫上課，女教師亦穿衫裙上課，這也是兒童服裝取材於成人服裝的根源。

　　本世紀初，國內提倡以學校代替學塾，香港亦開設私立小學。學校與學塾不同的地方，是學校有體育課之設，學生可以學到體操及球類運動。因此男學生若穿長衫的話，便不能玩各種球類運動及體育活動，其中中央書館首先改良學生服裝，辦法是將長衫改短，原穿唐裝褲的改穿西裝褲。長衫改短了之後就變成一件大襟衫，當時的西褲的褲腳是直腳的，人稱為「臘腸褲」，於是大襟衫臘腸褲成為當時的「學生裝」。

　　至於女學生的白衫黑裙並無改變，因穿裙子亦方便上體育課，這兩種學生服裝一直流行到二十年代。至於平民義學和夜間義學的小學生，因全是貧民子弟，則穿什麼衣服都可上課。

　　「校服」的出現是由幼稚園學校開始的。「校服」的定義是每間學校有自己學校的制服，這種制服和別的學校不同，有別於廣泛的學生服裝。香港早期的幼稚園學校，多屬收費昂貴的。一般人不會送子女到幼稚園接受學前教育，只有中上階層的家庭，才有能力供子女到幼稚園去受學前教育。幼稚園為了令學生養成齊整習慣，故設計出校服來。

「學生裝」發展的三個重要階段

　　早期香港的幼稚園是屬於貴族學校的學前教育，是中上層家庭兒童才有資格入學的。幼稚園教師為了讓學童學會遵守秩序和集體行動，故在學生服裝方面，設計得新穎而活潑。因此，學生真正有校服，是由幼稚園開始的。幼稚園的校服，有設計成海軍裝的，有設計成童子軍裝的，但校服並不是每天上課之時都穿着，只有在集體活動時穿上，例如集體到公園去旅行，或集體參觀，以及在集會，或有貴賓到學校時才穿上。平時則規定男童穿西褲大襟衫，女童穿衫裙，沒有規定顏色。換句話說，他們仍是穿普通的「學生裝」。

　　一九三〇年，是省港歷史上的一個轉變的時期。當時廣東由陳濟堂統治，他對教育也很重視，當時廣東省教育廳宣佈統一廣東的學生服裝，男學生一律穿白恤衫藍西褲，女學生一律穿藍色的旗袍式的長衫。香港很多私立學校和社團辦的小學，都遵照廣州的規定，將「學生裝」改進。而廣州方面也提倡童子軍運動，與香港早已提倡的童軍運動相結合，曾舉辦過「省港童軍大露營」。

　　但是這種學生服裝在一九三五年又有所改變，由於蔣介石提倡「新生活運動」，教育部又宣佈全國學生一律以中山裝為學生服裝，女生則穿藍色的短袖的長衫。當時廣東又還政於中央，因此香港的男學生也改穿中山裝，女生改穿藍色的長衫。不過，香港的英文書院和官立學校，並沒有追隨。其中女英文

書院，開始設計自己學校的服裝，用以表示他們的女學生是英文書院的，而男校的學生仍是穿着白恤衫藍西褲。

「新生活運動」對於學校的徽章，規定一律用三角形。因此私校的校徽，均用三角形圖案設計，但香港英文書院的校徽，形式不一，大多數都是盾形的，故當時除了從服裝上分出哪些是擁護中國政府的學校的學生，哪些是擁護港英政府的學校的學生，還可以從校徽的形式上看得出來。凡佩上三角形校徽的學生，都是擁護中國政府的學校的學生。

女子英文學校的校服，在這個時期開始改變，有些女子英文中學的校服，以幼稚園的校服為藍本而製成，亦有依照外國某些女子學校的校服改裝而成。

一九五〇年之後，香港各學校的校服，進入自由發展局面，除了女子學校的校服設計得近似時裝之外，而男校的校褸，設計則各自別出心裁。其中在選擇顏色方面，各學校都力求與別不同。香港有一間疋頭舖，知道各學校的當事人的心理，特別選辦各種不同顏色的校褸呢絨和不同顏色的布料，並配有專人為學校設計校服，生意做得很大。舉個例，如藍色，藍色分普藍、天藍、湖水藍、深藍、大成藍等顏色，該疋頭舖可向學校當局建議，謂某校已用普藍為校服，如不願用其他顏色，可用湖水藍作校服，以便和某校區別。關於校褲，則可用另一種顏色布料配合等等，因此它的生意，做得很大；在六十年代，有「校服大王」之稱。

校服除了顏色不同之外，恤衫亦可設計成各種不同的衣領，以便與別校有所區別。同時，領帶的顏色亦各不相同。有

此原因，故學生如果轉學校，就要另製轉入的學校的校服，訂製校服也就成為學生家長一項經濟負擔。

　　雖然各學校都可自由設計校服，但是官立小學和中學，為了減輕學生家長對校服的負擔，並不特別設計校服，一律是以白恤衫藍褲和黑色的校襪為校服。由於官立學校廣泛開辦，在官立學校讀書的學生亦佔大多數，於是白恤衫、藍西褲、黑校襪已成為通行的學生服裝。有此原因，衣物市場上，亦有人專製校襪和學生西褲出售。在一些小販認可區內，也有小販出售校襪和校褲，售價便宜。由於少年兒童不斷發育，小學四年級學生到了升上小六的時候，舊校服大多已不稱身了，故不得不穿新的校服。如度身訂造，又收費昂貴，到小販市場去買則經濟實惠，是以小販認可區的校襪校褲生意亦不俗。學生由於不斷發育和長高，中學低年級的學生，幾乎每年要換一次校服。因此每年當秋季始業的時候，學生服裝的小販市場特別興旺；通常在秋末冬初時，生意最熱鬧，稱為旺月。原來在秋深之後，學生要穿校襪上課，而去年的校襪已顯得又短又窄，不能再穿，故要買過一件夠長較闊的校襪，校褲亦一樣需要換上新的。故每年十至十一月間，校服市場的生意最旺。

制服的流行

　　校服其實是制服的一種，制服的原意，實為一種制定的服

裝，學校制定的服裝，即為校服。香港除學校外，亦有很多制定的服裝，如軍隊、警察、護士，都有制定的服裝，但這些制服，是照英國的制度搬過來的，沒有設計的自由。但其他行業所制定的服裝，則是自行設計的。

談論香港服裝的人，甚少注意到香港制服有一個龐大市場，這是由於他們沒有深入研究之故，我曾到過一間大型的觀光酒店去訪問，發現酒店內有一個服裝部，裏面放有裁衣床以及各種縫衣和設計的設備，內有三位資深的洋服師傅在工作，他們主要的工作是替酒店員工修理、改造及縫製制服。每一個酒店集團，有數以百計的服務員工，他們必須穿制服工作，而這些制服既要設計又要經常補充，同時由於工人流動性大，常有新上任的員工，他們必須穿制服上班，但辭職不幹的人的身材，未必和新上工的員工的身材相似，但又因不知道新上任者是否願意長期工作下去，是以不能為他縫製新的制服，只好由服裝部將舊的制服修改，使之適合新的上班者穿上。服裝部每日以此工作為最大宗，其次是制服的鈕扣常有脫落，或因洗衣時把制服弄破，服裝部的三位師傅則負責修補。那些制服被認為無法修補時，即決定報銷。

我們在日常生活中，可以說是無時無刻要和穿制服的人見面和接觸。除酒店之外，酒樓酒家的各級工作人員，都是穿不同款式的制服的；銀行職員，亦穿不同款式的制服；快餐店、便利店的職員，也是穿制服的。除非你在家裏閉門不出，否則只要和社會接觸，即與穿制服的人打交道。可見制服在香港是一項極主要的服裝，每一個酒樓集團、快餐店集團、酒店集

團、銀行集團、便利店集團，都有他們獨特設計的制服。因此有專門設計制服的製衣廠，亦有專門洗熨制服的洗衣廠。有些商人不願負擔一個服裝部的支出，會在委託製衣廠訂製大批制服時，要求製衣廠負責修理制服。

制服的流行，是表現香港已進入一個有秩序而又有效率的社會。流行穿制服的現象，也是現代化社會才會出現的。

酒樓和大餐廳的職工都穿制服，影響所及，連一些本來沒有穿制服習慣的古老的茶居及茶餐廳，也不能不規定職工上班時穿制服，但這些制服是很簡單的，只是穿上一件白色的「唐裝衫」。這件「唐裝衫」是對胸扣鈕的。通常是用白洋布縫製，鈕扣是用塑膠鈕。有些茶居的制服，還在左邊的錶袋口上，用紅色絲綢印上該茶居或茶餐廳的名號。

服務人員穿制服的歷史，可追溯至古代。民間制服的產生，源於階級觀念，古代富有人家的僕人、守門員及隨行的家丁，為了不要跟主人及其少爺們的服裝混淆，故而制定一種僕人和家丁的服裝，服裝是穿藍色的長袍式短衣褲，同時要束一條灰色的腰帶。這樣，主人無論到什麼場所去，身分都非常突出，別人一望便知。

至於家中的女傭和奶媽，也要避免和奶奶、小姐的服裝混淆，也規定一套女僕的制服。服飾是穿白色的衫和黑色的褲。因此奶奶外出，服侍她的女僕雖然樣貌會比奶奶更為雍容，但從服裝上就能分辨出誰是奶奶和小姐了。

這種民間私人的制服，一直保存到香港開埠後，其中女傭的制服，是保存得最久的。直到六十年代，所有在有錢人家工

作的女傭，仍然是穿白衫黑褲的。至今，有若干仍留在富人家中的老女傭，依然是穿白衫黑褲。

至於男僕的服裝，在民國之後，仍有少數男僕是穿藍色長衫綁腰帶的，但在商業機構中的僕人，則已改穿白衫黑褲。這些僕人，通稱「後生」。「後生」的服裝，是穿白衫黑褲，這是民國後「後生」通行的制服。很多人不明白「後生」一詞的來源，故在這裏順便談一談。

商業機構的職員，例如銀舖的掌櫃、二櫃、三櫃，以及賬房的司賬員等，通稱為「先生」。有時先生們要外出工作，必須帶一名僕人同去，以便供使喚或把貨物帶回。這位僕人，必須跟在先生的後面，不能和先生平起平坐，也不能並排而行，必須在先生之後。因僕人在先生之後，故稱「後生」。先行的是「先生」，後行的是「後生」，是以在商業機構中的男僕，名為「後生」。

「後生」雖然是較低下的職位，但在從前則並無不良的印象，原因是，很多商業機構的先生，都是經過「後生」的階段而後升職的，因此當時的職業觀認為「後生」是進身之階，是一定要經過這個階段才能升上較高級的職位去的，因此年青小伙子都有心到商行去做「後生」，他們認為做幾年「後生」之後，就會升職的。

「後生」雖是最低下的職位，因有機會升職及學會該行業的經營方法，故一般甘願做「後生」的小伙子，都要有文化，最低限度識寫字及會打算盤，即要有小學算術和中文程度。商店聘請「後生」，亦必選擇識字的青年來擔任，原因是「後生」有

送信及傳遞文件的責任，如果不識字，是不能擔任這種工作的。

當時香港南北行內的商行，被全港商界公認後生質素最好的，原因是南北行選用「後生」較為嚴格，除了在外表上選擇五官端正和彬彬有禮之外，並要考驗他的字墨和簡單的算術，在面試時也會提出一些四書上的語句問他是否瞭解。因此南北行的「後生」的質素最佳。

原來，早期南北行商人所選用的「後生」，並不是在香港招聘的，是商人回鄉的時候，鄉中的鄉紳希望讓自己的兒子到香港來學做生意，及到香港來謀生，因此委託商人帶他們的兒子來港先當「後生」之職。這些出身於鄉間的地主階級的少年，都是讀過書的。他們因在鄉間受父親的嚴厲管教，故來到南北行做「後生」，亦極循規蹈矩，故質素極佳。事實上，南北行的「後生」升職也快。

從民間制服的起源，便知道酒樓餐廳職工使用制服的目的，是以免工作人員的服裝與顧客有所混淆，而令到顧客無所適從。記得在六十年代，酒樓的制服還沒有像現時分別得清清楚楚，那時只有部長穿黑色的西裝打一個黑色的領花，有些顧客也有穿黑色西服結領花的，當他經過座位之時，顧客常常當他是部長，呼他寫菜或要什麼，往往弄得場面非常尷尬。這種場面經常會出現，因此顧客們通常不穿黑色西裝及結領花參加宴會，以免和酒樓的部長服裝有所混亂，而被人呼呼喝喝。因此後來設計制服時，設計的原則是盡量不與普通服裝雷同。

目前，酒樓餐館的制服是分多種形式以配合職工的工作範圍，大約是分為五類。其中一類為「班地喱」制服，「班地喱」

是傳菜員的英語譯音，穿這種制服的人負責從廚房將菜式運到座位去。第二種是雜工的制服，雜工負責將用過的碗、杯、筷、碟等物收拾，送到洗碗碟的地方去。以上這兩種職員是不懂得招呼客人的，有些顧客不明白酒樓的分工制度，以為穿制服的都會招呼客人，跟他們要菜要酒，他們只能通知其他樓面人員，而不會照你所指示自行去做。關於樓面職工，分為三種。第一種是初級樓面，通常只會擺位及鋪枱布，及問顧客飲什麼茶，他們只會「開茶」及作簡單的招待。他們是不會寫菜單的，如果顧客要寫菜，他只能通知二級樓面和高級樓面來。二級樓面所穿的制服與上述三種職工不同，是以有經驗的顧客不會叫初級樓面寫菜及要煙要酒。至於高級樓面則通常是穿黑色的外衣的，是屬於「唸頓」，負責管理若干位二級樓面工作。除此之外，還有一位總「唸頓」。酒樓餐廳的制服共分五類，由於各酒樓的制服款式和顏色都不同，不能詳細說明哪種職員穿什麼制服，只要你到任何一家酒樓或大餐室去，細心觀察就會看到五種不同的制服，認識制服是分職級的，可免對着一位傳菜員叫他要什麼什麼。

　　有些顧客因為缺乏對制服的認識，常因叫傳菜員要酒菜，傳菜員直叫他對部長說，因而誤為怠慢自己。

兩宗制服的糾紛

民間實施制服的目的，既然是將服務人員和顧客的服裝分別開來，以免顧客不知誰是服務員。這原是頗佳的制度，但是由於這種制度起源於封建時代的家丁和僕人的服裝，自「五四運動」掀起反封建的民主愛國運動之後，有些人反對制服，認為制服是不平等的產物；又認為是歧視工人身份的象徵，反對穿制服上班。

二十年代，香港中區若干大廈，都聘有印度人在大堂內維持秩序，這些印度人認為升降機是供大廈內的辦公室的職員及大班使用，外來的人如衣履不符合標準，則會被拒絕進入升降機。對於穿制服的工人，例如修理電話或電報局的職員，這些印度人竟拒絕他們乘升降機，理由是他們是外來工作者，無權乘升降機。

最可惡的是，郵政局的派信員，居然也被這些印度人拒絕乘升降機，因此當時這些機構的服務員，向其主管提出不穿制服工作，因為被人歧視。其後這許多機構曾寫信與中區各大廈交涉，指出這些印度籍守門人濫用職權，歧視穿制服的人，是嚴重影響大廈的租客的業務的，若不改善，電報局不派人遞送電報上門，郵政局不按戶派信，各大廈後來才嚴厲斥責印籍守門人。以後穿制服的人，才准許乘升降機上落。

由於早期香港的大公司在向當局申請開辦的士服務時，合約上有規定的士司機穿制服的條文。因此當時的計程汽車，也

規定的士司機穿制服。還定下很多不必要的條文，例如的士司機要下車為乘客開門，對乘客有禮貌等等。然而，的士司機往往在工作時飽受乘客的閒氣。因此在找不到新工作時，還可以忍受下去；一旦找到另一份工作，便辭工不幹了。

當時有商人申請開設出租汽車公司，所謂「出租汽車」，只能在接到電話才能接載乘客，不能在路上接客，以免和的士爭生意。由於出租汽車的司機毋須穿制服，大量的士司機改到出租汽車公司去當司機，他們因熟悉哪些地點有乘客，雖然出租汽車不能在路邊兜客，但乘客只求有車乘搭，管他是的士還是出租汽車，因此的士公司的業務大受影響。其實，出租汽車公司的老闆知道關鍵在於制服。

由於司機不肯穿制服，的士公司請不到的士司機，但礙於申請經營時列明司機要穿制服，故當時的士公司只好吸收待業青年參加公司的培訓。不過，卻訂明參加者必須遵守若干條件；其中條件之一，就是要穿制服。故一直到三十年代，的士司機仍是要穿制服的。可是每每等到約滿之後，這些受培訓的司機又會轉業去駕駛出租汽車。

其後第二間的士公司申請時，新申請的公司知道難於規定司機要穿制服，故申請時沒有將穿制服的條文加上去。從此，的士司機便沒有規定必須穿制服。到了戰後，的士司機已全部不需要穿着制服了。

制服觀念是在教育普及和經濟高度發展下的產物。經濟高度發展時，講究工作效率；教育普及使年青人瞭解社會秩序和社會制度是由全民共同維持的。在經濟未發展到起飛的階段，

很多公司都認為規定員工穿制服是增加公司的開支。教育未普及，人們對制服的真正作用仍未明白。有錢人視穿制服的服務員如奴隸，頤指氣使，服務員亦視穿制服為一件痛苦的事。故香港全面實施制服制度的時候，是在七十年代，亦即經濟起飛及教育全面普及時開始的。直到今天，無論哪一種服務行業，公司已將制服視為必要的開支，而職員亦視穿制服上班為必須的，勞資雙方都很樂意接受制服這種東西。是以我們生活在香港，沒有辦法不和穿制服的人接觸的。

正因如此，香港市面亦有人開設「制服服裝公司」。我曾經訪問過其中一間位於九龍油麻地眾坊街的「制服服裝公司」，該公司裏面陳列着各式各樣的制服，一如時裝公司陳列各式服裝一樣，各種尺碼都有；男的女的，高的矮的，同一款式的制服總有幾套。據該公司的一位職員說，由於制服觀念成熟，很多小型的店舖，雖然只僱用四五名職員，但為了整齊和服裝劃一，便來光顧買現成的制服。有些老闆常常帶三四位男女職員選擇現成的制服，以便買回去後立即可以穿着，好趕及開業，非常方便。他又說，其中以白色的醫生袍和白色的護士制服，銷量最多。

「紅牌阿姑」的新衣

至於很多人認為香港早期是沒有服裝設計的，只有抄襲而

已。這種是屬於片面性的說法，事實上香港很早就有時裝設計的。上文已經說過抄襲西式服裝的根源，是來自早期西人要求照歐洲流行的服裝縫製，形成抄襲的習慣和傳統。至於中國式的時裝，則是有設計的。

香港有很多縫衣店開設，這些縫衣店俗稱「裁縫舖」，「裁縫舖」的縫衣師傅，是負責為顧客設計服裝的。只是由於顧客的思想都是很保守的，因此他們亦不敢大膽地設計。但有一類顧客，倒是要求他們設計與別不同的時裝，這些顧客便是一些紅極一時的妓女，即所謂「紅牌阿姑」。

香港在娼妓合法化時代，水坑口的妓院中的妓女，所領的牌照是歌姬的牌照，她們都需要穿上特別顯得裊娜多姿的服裝，令闊客見到她就有特別的印象。因此，水坑口時代的妓院中的「紅牌阿姑」，都是需要裁縫師傅為她設計服裝的。初期香港設計的服裝，大部分是為妓女而設計，那主要是妓女有膽量而且有需要穿新裝。一般有錢人家的太太和小姐們，都很保守，沒有膽量穿新裝。當時，社會上保守思想很頑固，人們對於新設計的服裝，稱為「奇裝異服」，甚至稱為「老舉（指妓女）裝」，是以良家婦女，都不敢穿新裝。

到了三十年代，有聲電影出現，風氣才漸漸開通，電影明星成為觀眾的偶像，尤其是女明星所穿的服裝，更是不能不特別設計，而在交際場合裏，更加要穿特別設計的服裝，故從三十年代中期起，香港便有大量時裝出現。再者，三十年代初，香港已經禁娼，代之而起的是舞廳。舞廳中的舞女，尤其是紅舞女更加是繼承了「紅牌阿姑」的穿新裝的地位。因此香

港已有多位知名的會設計新裝的裁縫師傅，若干位且開設時裝公司，專門為女明星、紅舞女設計時裝。其中，有一位名師在德己立街開設的時裝公司最為著名，而另外亦有一位在灣仔開設的，亦負盛名。

「盧溝橋事變」後，上海一些有設計才華的裁縫師傅也避難到香港來，也有大批國語明星從上海來港，故於一九三九至一九四一年之間，香港設計的時裝，款色很多。

港產粵劇戲服響滿海外

從上海來香港的縫衣師傅之中，有一位顧先生（他是於一九三八年來香港）。他在上海時，是專替電影明星和交際明星設計時裝的。來港不久，他即在尖沙咀北京道開設一間時裝店，店名「龍記」，是一間極有名的時裝設計公司。

顧先生不僅會設計中國時裝，也會就中國人的身材去設計晚裝。至於皮袍、皮裘、大衣等都能精心設計。這位顧先生在當年的國語片明星中，是沒有人不認識的。

香港淪陷時，顧先生一家離開香港，到湛江去避難。香港重光後立即回港復業，戰後業務更加鼎盛。在五十年代，其業務更推向高峰。

龍記服裝店後來在香港消失，主要是該店舖位於一幢舊樓，業主要將之改建成大廈，故面臨拆遷的局面。加上顧先生

年紀已老，同時兒女亦準備移民外國，因此便乘遷拆而結束營業了。

　　由於戰前和戰後初期，香港的時裝設計都是面向本地市場，而且時裝的主流仍是中國婦女服裝。因此目前的時裝設計家，便以為香港從前是沒有時裝設計的。這是他們沒有深入研究之故。

　　自從六十年代香港製衣業面向世界市場後，為了提高競爭能力，大型製衣廠都有設計部門之設。大專院校亦有時裝設計課程，每年都有一大批時裝設計生力軍投入服務，使香港出口的時裝更多彩多姿，並且有頗大的出口量。

　　每屆時裝設計課程的畢業生，都舉辦一次畢業時裝展覽，顯示每一位同學都能獨立設計和縫製他們的作品。然後聘請職業模特兒穿上他們設計的時裝，在台上展出。這些應屆畢業生的時裝展覽，費用非常大，租場地、聘請模特兒、印刷場刊以及縫製自己設計的時裝，都由學生付款。故最初的一兩次畢業生時裝展覽，礙於同學的經濟能力而簡單很多，導致若干「名模」不肯為學生時裝展演出。但是到了八十年代中期，畢業生的時裝展覽越辦越具規模，很多新進的模特兒都願意降低收費為同學們服務，於是展出的時裝，極受各方面重視。

　　原來，很多修讀時裝設計課程的學生，都是在職的青年，他們在製衣廠或時裝公司中工作，工餘即到學校去上課。

　　想知道香港的時裝設計的發展情況，可參觀每一屆大專院校時裝設計畢業生的時裝表演，便知道每年的畢業生的設計水準，都逐年提高，而且逐年接近國際水平。

　　由於學校不斷培育時裝設計人才，每年都有一批畢業生投入服務，故香港的時裝設計在亞洲來說，是僅次於日本，有些設計是不比日本遜色的。我們可以從每次歌星演唱會中，看到歌星在表演時所穿的是在香港設計的時裝，便知道香港設計的時裝全部都可登大雅之堂，很多歌星到外國去演唱，也是穿香港設計的時裝登台的。

　　這些服裝雖然是舞台服裝，但如果沒有設計才華，是無法設計出來的。現代舞台服裝是從生活服裝變化出來的，若無生活服裝的設計基礎，舞台服裝就變成脫離生活的怪物。

港產粵劇戲服素以造工精細及重視衣料改良見稱

　　説到舞台服裝設計，香港也有頗有名氣的設計師，他是專替粵劇演員設計服裝的。這位設計師名叫陳國源。他懂得利用各種新的衣料和裝飾，設計新的粵劇戲服，以減輕傳統戲服對演員的負荷，並可以利用燈光令戲服更加悦目。

　　陳國源設計的粵劇戲服，已打開了海外市場，全球各地華埠的粵劇演出，都是向他訂製戲服。由於他熟識每一套戲的劇本和人物，遠在外國的演員，只須打個電話給他，告訴他排演的是什麼戲，那一位角色要一套怎麼樣的戲服，並只要説出演員的身材似那一位著名的粵劇演員，他就會製成合身材而又合身份的戲服，並且寄到華埠。由於成績出眾，現時各華埠的業餘的和職業的粵劇團的戲服，都由陳國源設計及縫製的。

　　除此之外，香港有很多婚紗攝影公司，專門設計新娘的結婚禮服，或租用作攝影或行禮時使用（亦可出售）。另外有些晚禮服公司，設計大量的晚禮服出售或供租用，也有度身訂造的。總之是各種服裝，都有一個服裝市場。

　　由於市場的存在，需要時裝設計者參與工作，是以各院校的時裝設計課程在接受報名時，每屆都滿額。

「斗零」是什麼意思？

香港在行使銀元的時代，有一種最細小的銀元，面值為五仙。當時銀元的幣值係由五仙起；五仙以下，即為銅幣。銅幣早期有銅錢和銅仙，後期因物價上升，銅錢已不能購物，故而廢了銅錢，只有銅仙。在銀元時代，那種面值最小的銀幣，俗稱之為「斗零」，及至港府取消銀元制度，收回白銀之後，五仙硬幣已改為銅幣，但仍有人稱之為「斗零」。究竟「斗零」一詞，如何得來？

其實「斗零」一詞，是由「焙語」流行而成的。「焙語」又稱隱語，用現時的口語形容，即是「黑話」，是秘密組織內部的獨有語言。早期香港的各行組織都有自己本行的秘密語言，其中代表數目的語言，各行頭均有自己的代稱。譬如街市四行（指豬肉行、牛羊肉行、雞鴨行和果菜行）的秘密語言極多，其中代表數目字的語言，自成一系。它們以「元」代一，以「辰」代二，以「斗」代三，以「蘇」代四，以「馬」代五，以「零」代六，以「侯」代七，以「莊」代八，以「灣」代九，以「響」代十。這是當時街市四行用以代替數字的隱語。

由於當時流通的銀幣，是規定重量的，例如一角的銀幣，其白銀重量為七分二厘；一元的銀幣，重量為七錢二。因此，一個五仙的銀幣，其重量為三分六厘。以街市四行所用的隱語

香港五仙硬幣俗稱「斗零」，其實該詞屬於「黑話」一類。

表示，「斗」代表三，「零」代表六，換言之，「斗零」即有三分六厘的含意。五仙銀幣重三分六厘，這是五仙硬幣為何名為「斗零」的原因。

　　香港現時有很多流行語，是由隱語通行之後，才變成流行語的，「斗零」本是街市四行的隱語，因四行日常接觸市民的機會多，故像「斗零」這類隱語便成了流行語。

「頂到冇得頂」

　　外省人來到香港，聽到香港人說「冇得頂」，初時不知是什麼意思，後來才知道是形容一件事物好到極點之謂，這句話原

是由普通話裏的「頂瓜瓜」變化而成的。

　　從前大笪地和榕樹頭經常有外省人表演雜技、魔術和猴子戲等。這些外省人多屬江湖賣藝者，每表演到精彩之處時，便向觀眾問道：「頂瓜瓜嗎？」觀眾看見這樣精彩的表演，都會大為喝采，大叫「頂瓜瓜」。這些外省賣藝人在收了表演費之後，往往會再來一次更加「頂瓜瓜」的表演。及演出時，其表現卻又真個是比「頂瓜瓜」更「頂瓜瓜」。外省江湖賣藝人問道：「是不是頂瓜瓜又頂瓜瓜？」觀眾都說「頂到冇得頂！」他們是將「頂瓜瓜再頂瓜瓜」簡化而為「頂到冇得頂」，原因是，大家以為「頂瓜瓜」是將一個瓜放在頭頂，「更頂瓜瓜」是將兩個瓜頂在頭頂，好到極點之時，當然是不再可能頂上幾個瓜了，是以叫作「頂到冇得頂」。其後為了便於叫好，把「頂到冇得頂」再簡化為「冇得頂」。當時的外省賣藝人都明白「冇得頂」是「頂瓜瓜更頂瓜瓜」之意，即好到無懈可擊之謂。原意是表示喝采的。

　　由於對很好但未至於完美的事不稱「頂瓜瓜」，只說極好或者幾好，而對於最最好的事物，則稱為「冇得頂」，於是很多人不知「冇得頂」是來自「頂瓜瓜」的，不僅外省人不知，就是本地人亦不知道這句話是從普通話變化而成。

　　值得補充的是，自戰前再推上幾十年，當時經常有很多來自北方的江湖賣藝人來香港賣藝，他們常在大笪地和榕樹頭表演，每演一場即遞起銅鑼求觀眾資助生活費，小市民圍觀時亦知道他們離鄉別井生活艱苦，都投以一個硬幣以示相助。這和現時所見旁觀者多，施予者少的現象，可謂兩種強烈對比。

幾種要不得的俗語

俗語除了能反映生活之外，也可反映社會風氣。有很多俗語，由於社會風氣改變了，亦因此而不流行，消失於無形中。其中的原因是，從前社會風氣覺得某些行為很普通，而現在則認為這種行為是要不得的。因此不再用很多反映這類行為的俗語。

清代曾經有一種社會風氣，是將天生缺陷的人作為笑謔的對象。一些文人雅士，更拿這些人來作詩嘲弄，引以為樂。一本《笑林廣記》，裏面就有很多嘲弄失明人、缺嘴的人、駝背的人的打油詩。這種風氣，香港也曾繼承下來，一直到辛亥革命以後，仍是如此。於是，社會上也出現了一些以天生缺陷的人為語材的俗語。

例如其中一句歇後語，叫做「亞崩叫狗」。所謂「亞崩」是指上唇缺去一些的人，用這些人來做話柄，分明是對他們不敬，然而當時社會風氣對這些人不但不予同情及幫助，反而取笑他們，便產生此類流行俗語。

「亞崩叫狗」是歇後語，其隱意為「越叫越走」，是對一些不聽命令的人而發的，例如你想叫某人做一件事，當你叫他時，他詐作聽不見，就走開了，這種情形，便是「亞崩叫狗」。

另外一句俗語和「亞崩」有關的，就是「崩口人忌崩口碗」，「崩口人」就是「亞崩」，亦即指上唇缺損了的人。比起過去，「亞崩叫狗」現時已少了人說。但「崩口人忌崩口碗」則

仍有人說，主要是「崩口人忌崩口碗」是泛指某些人忌諱別人的譏弄，這正符合現時的社會風氣，使這句流行語延長了生命力。

現時香港人對傷殘人士多寄予同情，及樂於盡自己的力量，使之充滿信心，和大家一起貢獻力量於社會，是以每次有為傷殘人士舉辦的活動時，會有不少人出錢出力，鼓勵傷殘人士勇敢地面對現實。這是教育普及的成果。在從前，人們並沒有這種意識，對傷殘人士个但不加以援手，反而報以嘲笑。回想起來，使人不勝嘆息。

有些人士在小時候因疾病而致脊骨變形，得了駝背；長大後，人們均稱之為「亞駝」。因此俗語中，也用「亞駝」為話資。其中有一句「亞駝行路」，它既是俗語，也是歇後語，意即「中等」，或「普普通通」、「不過不失」。這句話，是用駝背的人走路時的姿態為語材，因為駝背的人走路的時候，要維持身體平衡，其姿勢是頭部向前抖動。也因他們的姿勢，好像舂米的舂槌一樣。若用粵語來形容，是「舂吓舂吓」。因「舂」與「中」同音，故意為「中中地」，引伸為中等之意。

凡形容那種成績平平常常，不算很差，亦不算很高的情況，都用「亞駝行路」來代表「中中地」。這句俗語從前是流行的，現時也少人說了。

另外有一個家庭菜式，也用「亞駝」來形容，這個菜是蝦米煮粉絲。它是將粉絲作為繩纜，把蝦米作為「亞駝」，極具形象，故人們稱這個菜為「亞駝拉纜」。

其實，身體有缺陷的人和普通人一樣，有其擅長之處，也

有很多駝背的人很成功地創立他們的事業。好像在清末民初的時候，有一種著名的食品叫「亞駝霉薑」。霉薑是一種糖薑，當時很多外國人都歡喜吃，行銷海外。製造這種霉薑的人，以一個駝背人所製的最佳，他的霉薑最暢銷，人人都指定要買亞駝霉薑寄往海外。

　　有一些成語、俗語，是和失明人有關的，例如「盲人摸象」、「盲人騎瞎馬」之類，但它們所指的，卻是不實不盡的，是屬於嘲笑盲人的成語。我們都知道盲人不會只從摸索去認識事物，摸索只是認識事物的其中一種方法，他們對事物的認識，可從聽覺和不恥下問中獲知。沒有盲人不知道大象是龐然大物的，亦不會只摸到大象的一部分就認為象是那一部分的形狀。這句成語不實不盡，而始終沒有教師把它指出，可見歧視失明人士的意識的根深蒂固。

　　能騎馬的盲人應是了不起的一位「盲俠」了。盲人基本上不會騎瞎馬，這是不可能發生的事，會騎馬的盲人不會不知所選的馬是否盲眼的，這句成語，在社會人類學觀點看來是捏造的。

　　繼承了這樣的對失明人不敬的傳統，香港早期也有一句「盲佬貼符」的俗語。這句也是歇後語，意為「倒貼」。表面上，它是把盲人拿着一張靈符來貼在牆上時，因看不見而誤把那張符倒轉貼在牆上，來形容一種「倒貼」的行為。而這裏的所謂「倒貼」，卻是引其同音字來比喻以下的一種現象：在當時，男人養妻子，被視為正常的行為。若一個男人被妻子所養，由女人供應他的生活所需，則稱為「倒貼」。另外亦有用「貼佬」來

形容這位女人，於是便用「盲佬貼符」這句話來嘲笑這種女人。

　　這句話在香港已漸漸少人用，原因是「貼符」這種行為已經漸漸少了。今天，相信靈符能驅邪及能帶來好運的人比從前大減；而對失明人的觀念也比從前文明很多。從前那些以嘲笑盲人為題材的戲劇，如《盲公問米》之類的，也和這句歇後語一同拋進歷史垃圾堆去了。

鴉片流毒「冇厘癮」

　　從前流行一句俗語，叫做「十一人食一分煙」，這是歇後語，意即「冇厘癮」。這句俗語能夠在早年流行於香港，是因為當時香港尚未禁毒，鴉片煙館到處都有。這句話是由吸毒合法化時期流行開去的。

　　那時候，香港的度量衡制度一般仍依中國的習慣；在重量方面，以兩為單位；兩之下為錢，錢之下為分，分之下為厘，都是十進制的。按此推算，則十厘為一分，十分為一錢，十錢為一兩。當時到煙館去吸毒，也是用重量計價，通常到煙館吸毒的道友，都是吸幾分重量的鴉片煙的。十一個人吸一分重的鴉片煙，由於一分只有十厘，若十一人分十厘的煙，就是每人不夠一厘。我們知道，只有上了煙癮的人才去吸煙的，是以十一人食一分煙，便是每人都沒有足夠的煙來頂癮。

　　凡一件事毫無趣味，或在某一場合十分尷尬，都可稱之為

「冇厘癮」。在吸毒合法化時,這句「冇厘癮」曾被「十一人食一分煙」來代替。

這句俗語在戰後仍很流行,因為那時香港雖然已禁毒,但貪污者仍在暗中包庇毒販,在各區開設秘密煙格;那時吸毒的人仍多,是以仍流行這句話。自從設立廉政公署之後,加上嚴厲禁毒,又推行戒毒運動,於是吸毒的人大減,煙格已差不多絕跡;這句俗語便不再為人道及,而漸漸亦為人遺忘。現時,很多人都不知道從前流行過這一句俗語。

可見俗語的流行,是和生活息息相關的。某一種生活方式流行時,就有與這種生活方式有關的俗語出現;當這種生活方式消失,與它有關的俗語亦隨之而消失,但它卻留下一份生活史料。

小巴的「賴」與「劏」

小巴司機有兩句行內話,其一為「賴」,另一為「劏」。「賴」是指「賴燈」,「劏」是指「劏馬」。在生意難做的時候,他們就要用「賴」、「劏」來做生意,故凡小巴司機都懂得這兩句話的。

「賴燈」是指當小巴駛到交通燈之前,司機便會將車停下來;在等候過馬路的人橫過馬路時,希望其中有人要乘小巴。本來,紅燈時停車,到亮綠燈時就要開車,這是交通規則的要

求。只因生意難做，綠燈亮了仍不肯開車，這就叫做「賴燈」。從前未設立小巴禁區時，「賴燈」的情形常見，自設立禁區後，過了禁區時分，才能「賴燈」，有時「賴燈」亦未必有客上車的；「賴」了片刻，沒有客也得開車了。

「劏馬」比「賴燈」的時間為長。同樣都是停車候客，「賴燈」極其量是賴着不走約一兩分鐘；「劏馬」則不同，它好像將軍馬駐劏在一處地方，等到滿座才走，這便叫「劏馬」。通常在戲院散場的時候，小巴司機便在戲院附近停車等候，或在馬場散場、球場散場之前，在球場、馬場附近停車，等候乘車搭客。故「劏馬」常超過五分鐘，比「賴燈」的時間為長。

「賴」和「劏」是很古老的廣府話，都是和收入有關的。小孩子要媽媽給錢買零食，常常用「賴」的方法令到媽媽非給零用錢不可；其中一種「賴」的方法是坐在地上啼啼哭哭，稱為「賴地」；而這個「賴」字讀本字第一音，「賴燈」的情形有類於此。「劏」是由「揸劏」引伸而來的。從前有錢人可用「揸劏」的方法來求利，例如米價平時，買入一批白米，稱為「劏米」，待米貴時放出，故「劏」是等待時機以求利的方法。小巴在戲院前等散場，這情況是和「劏」以待時機相同。

「錢錢七七」

有位朋友問：香港人叫一些已經超齡而又繼續行駛的汽車

為「錢七」，究竟「錢七」是怎樣解法？以及它的來源是從哪裏來的？這是很有意思的問題，相信讀者都想知道。

用「錢七」來形容超齡的汽車，只是有汽車面世後才出現；在未有汽車時，「錢七」是用來形容超齡的機器，而最早為香港人接觸的機器，則是早期的輪船。輪船又稱「火船」，原因是當時尚未發明內燃機，它用的仍是蒸氣機。因此，船上要燒煤炭，機器倉內要不停加煤炭生火才能發動，故名「火船」。在一八七○年之際，火船是很時髦的，但二十年之後，即到了一八九○年，外國第一代的輪船紛紛賣來中國沿海，而轉口港則為香港。這些超齡的船隻，在開動的時候，機器的聲浪特別大，而機器的聲音，則是「錢錢七七」那樣的有規則地響起來。坐在大艙的乘客，因近機房，被那種「錢錢七七」的機器聲音震盪得無法談話，連睡覺也無法入睡，比起乘新造的輪船的寧靜，有天淵之別。乘客試乘過兩種輪船，便懂得分別，稱那種超齡的輪船為「錢七」，那是用機器的聲音來形容它的殘舊。自此之後，凡陳舊的機器，亦都以「錢七」稱之，這是「錢七」一詞的起源。

早期的汽車也是以蒸氣機推動車輪的；汽車用久了，機器也很嘈吵，亦發出類似「錢七」般的聲音。因此對於殘舊的汽車，亦稱作「錢七」。

這是廣州話的幽默的特徵，在廣府話地區，差不多人人都懂得用「錢七」來形容陳舊的機器、汽車或機動船隻等。「錢七」並不是指那部汽車的價錢只值一錢七分銀，而是一種象聲之詞，是用陳舊機器發出的聲音表示它陳舊。

從馬場「跑」出來的俗語

「搏到盡」在香港現行流行語中亦頗為膾炙人口。它的意義為不怕疲勞和不怕艱辛，把所做的事全力以赴，連飲奶的氣力都出盡，務使所擬定的目標達到目的。因此，在很多場合中都適用。例如在工廠裏要趕貨付運，負責裝箱付運的工友，為了爭取時間，拚命趕工，人們見他們那種扐勁，便稱他們「搏到盡」。又如有些青年人為了籌備結婚費用，兼多份職；自早上到深夜都工作，也稱「搏到盡」。有些人為了要供屋會，不能不連星期日例假也工作，以便增加多點入息，這也可稱為「搏到盡」。

「搏到盡」一詞源出於馬場，是一句馬場的流行語。因為以人的工作能力來說，是無所謂「搏到盡」的，只要健康，工作十六七小時仍是可以辦得到的，且沒有「盡」的時候。反而在賽馬的時候，就有所謂「搏到盡」。

跑馬是講速度的，而且賽馬制度是用評分制度來編排班次的，馬的編排由第七班至第一班，一匹馬在低的班次中出賽，可能跑得很輕鬆便勝出。勝出後，這匹馬便升上較高的一班。這時，它亦可能憑體質佳，而很輕鬆地勝出。但當升到最高的第一班時，它便要傾全力去拚搏才能勝出；勝出多次之後，便要增加負磅來讓其他的馬匹有公平的競爭能力。當加到極重磅的時候，這匹馬便要搏到盡才能勝出，而每當這樣的一匹馬在最高班勝出之後，牠的體力就已經到了盡頭的時候，以後就無

法再跟別的馬競爭，甚至經此一役之後，要休養多時。這樣的一匹馬便是「搏到盡」的馬，通常多屬於「馬王」之類。

所以，的士司機中那些「搏到盡」的同業，又多賜予「馬王」的雅號，意思也是指他們屬於「搏到盡」的。由此可見，當賽馬成為一種流行的博彩活動時，它的影響力並不只限於賽馬，也影響到馬場之外的各個生活層面。

「搶閘」歷史逾半世紀

「搶閘」這句話不限於在馬場流行，就是在香港人日常生活上亦流行；但這句話是源於賽馬，是一句馬場上的流行語。

這句話流行了約五十多年，是在三十年代開始流行的。因為由三十年代起，賽馬才逐漸為小市民所喜愛，而且經常有賽馬舉行。三十年代以前，只有週年大賽馬和間歇性的「占間拿」賽馬。所謂「占間拿」賽馬，即是特別賽馬；這起源於當時很多馬主和騎師，認為一年跑一次馬太單調，特別組成一個叫「占間拿」的俱樂部，向馬會申請場地舉行特別賽馬。後來馬會將「占間拿」賽馬定為兩星期跑一次，改為特別賽馬，那是三十年代的事。由於賽馬日期增多，吸引更多市民去馬場看賽馬，於是馬場內有「搶閘」一詞，而此詞亦流行於社會。

賽馬是將出賽馬匹排列在一條直線上，前面有一個「閘」將馬攔着，有專人將「閘」打開，這個「閘」一拉開，有經驗

的騎師立即便策馬搶先跑出，這種搶先出閘的情形，稱為「搶閘」。

當年賽馬所用的「閘」，是一個像排球網的網；它用一條長竹把網串起，攔在馬兒行列之前。這個網可向上拉起，因此有經驗的騎師即可在網閘剛拉起時即搶先策馬而出，稱為「搶閘」。凡跑短途，能搶先跑出的馬，都能首先跑抵終點而勝出。

因此，在日常生活中，凡比別人先走一步，便用「搶閘」一詞來形容。例如中秋月餅，以往是由農曆八月初一才上市的，但有些餅家卻在七月初，就推出月餅。於是，便說這家餅家的月餅「搶閘」出爐。在渡海輪碼頭上，有很多人站在閘前等候開閘；閘門打開，他們便搶先入閘，這種情況也叫「搶閘」。搶先入閘的原因，是可以挑選最佳的座位。

「爆棚」與「爆冷」

「爆棚」是香港現行的流行語。這句話的意思即是滿座，像戲院掛出滿座牌，人們稱之為「爆棚」；酒樓酒家客滿，亦稱「爆棚」；有些歌星開演唱會，在預早訂座時，各場的入場券已告預售一空，亦稱「爆棚」，故「爆棚」即滿座之謂。

考「爆棚」一語的起源，本非源於馬場，但至今馬場滿座亦稱「爆棚」，其原因是從前馬場的看台是用竹和葵搭成，因此被稱為「馬棚」。一九一八年發生的馬場大火事件，至今尚

稱之為「火燒馬棚」，原因就是當時馬場的看台是用竹葵搭成，有如戲棚一樣。由於風高物燥，一旦失火，火勢迅速蔓延因而成災，故名「火燒馬棚」。那時馬場的看台是棚廠式的，故滿座而稱「爆棚」。

但是，「爆棚」一詞並不是由馬場開始使用的，而是源於演粵劇。原來香港早期演粵劇的戲台和觀眾座位全是用竹葵等物蓋搭而成的，故稱為「戲棚」。由於觀眾太多，戲棚的地台是用竹來紮結而成，人多了則不勝負荷，竹木因負重超過本身的負荷力而爆裂。曾經試過多次由於觀眾到戲棚中看戲的人數大增，使戲棚內的竹籬爆開，因而造成戲棚倒坍，死傷無數。因為滿座到能令戲棚爆開而造成大災難，是以便有「爆棚」一語出現。

「爆棚」既然是由戲棚而來，亦即是由演粵劇而來，故最先使用這兩個字的依然是戲院和娛樂場所。由於早期馬場亦如同戲棚那樣「搭棚」。同時，香港的足球場看台，最初也是用竹蔑結紮而成的；因此足球場滿座，亦稱「爆棚」。這句話除了生動地形容滿座之外，亦留下了早期香港各種娛樂場所用竹棚搭成的痕跡。

「爆冷」或稱「爆冷門」，這兩句香港流行語的意思，是指一件事的結局出乎大多數人意料之外。凡出人意料的結果，都可稱之為「爆冷」或「爆冷門」。例如一間公司準備提升一位職員任經理，公司內各人均有自己心目中所預測的人選，結合全體人員預測合理的人選比方共為八人，則在這八個人當中選出一個提升為經理並不出人意外；但結果公司提升了一位完全

出乎眾人意外的人為經理，於是便稱之為「爆冷」或「爆冷門」。

又如兩支球隊比賽，甲隊的實力顯然比乙隊強很多；故在比賽前，人們預測甲隊可勝乙隊三球，或勝乙隊四球，甚或預測可勝乙隊五球。總之，是甲隊勝券在握，只在乎勝多少球而已，但是比賽結果竟是乙隊勝甲隊一球，球迷便稱之為「爆冷」或稱「爆大冷」。

「爆冷」、「爆大冷」和「爆冷門」都是源於賽馬。賽馬因在賽前接受投注，各人以現金投注在所選的馬匹身上，多數人認為某號馬勝出機會高，投注自然就多，這匹馬便是「熱門馬」。沒有人注意的一匹馬，因投注的人少，便稱之為「冷門馬」。及到正式賽跑的時候，那一匹少人注意的馬竟突然跑出「頭馬」。這匹馬因少人投注，派彩便很高；由於牠是「冷門馬」，故跑出頭馬時便稱為「爆冷」，若派彩高至千元，便稱「爆大冷」。

由於賽馬分「熱門馬」與「冷門馬」，故「冷門馬」勝出便叫「爆冷門」。應注意這一個「爆」字，這個字有突然爆發之意，是形容出人意外的最生動的字。因此在其他事件上，突然爆出完全出人意外的結果，都用「爆冷」來形容。很多人一生不曾到過馬場，也不知道馬場上有「熱門馬」和「冷門馬」之分，但卻會說「爆冷」。

「催谷」應分兩步驟

「催谷」也是現時香港頗流行的俗語，這話的意思是指某些人為應付一些工作，不能不用各種方法保持最佳狀態。例如中學會考前夕，學生要應付考試，試前「開夜車」讀書，於是吃些提神的補品，如蜂皇精、雞精之類的補品，這種行為，便叫做「催谷」。

有些運動員為了要保持最佳狀態，在飲食方面亦需要增加營養，吃些對體力有幫助的食品，亦稱之為「催谷」。總之，「催谷」是指保持最佳狀態的行為；有時它亦不一定指吃食品的，例如加強鍛煉亦都可以稱為「催谷」。

「催谷」也是源於馬場的語言之一。在馬場，練馬師使出賽的馬匹保持最佳狀態，其方法就是「催谷」。「催谷」原是分成「催」和「谷」的，「催」是加強鍛煉，即催促這匹馬越跑越快；「谷」則是在飼料上使馬匹的體力有所增進，稱為「谷料」。一匹馬經過「谷料」和催策鍛煉後，狀態肯定保持最佳水平，能好好應付一場賽事。有很多跑出「頭馬」的馬匹，都是經過練馬師「催谷」過的。

有此原因，凡要應付一件事，一方面要保持鍛煉；一方面又要在食物上爭取營養，令到身體能夠支持鍛煉。這種情形，與馬匹應付一場賽事而進行「催谷」完全相似，因此使用「催谷」來形容。這句話在學生當中頗為流行，但並非學生會賭馬。學生不賭馬又怎樣會用馬場用語來形容呢？這因為每次賽

馬前夕，電台和電視台都有賽前評述的節目，評述員在論馬的時候，常說某一匹馬經過加意的「催谷」，故爭勝的機會很大。學生聽電台的節目，看電視的節目，便知道「催谷」兩字的意思。

「換馬」即換人

　　「換馬」這句話已不限於在香港流行，亦都流行在華人地區。「換馬」的意思是指換人。一間公司或一個團體，覺得以前代表該公司或團體的人不符合時勢或局勢，換了另一位代表人物上場，便稱之為「換馬」。在政治團體內更換若干重要的人物，亦用「換馬」來概括言之；甚至外國的內閣更換人選，亦稱「換馬」，此語現時已成了國際性語言。

　　「換馬」的詞源是來自賽馬的，在賽馬之前，著名的騎師會有多匹馬供他選擇策騎；有些馬經他策騎過多次，都無法勝出，便需要換過另一匹馬來策騎，這就是「換馬」。

　　有人說「換馬」起源於中國古代的郵驛制度。郵驛是中國古代傳遞政府公文及往來信件的一種制度，每個地方政府，均有郵舖和驛站；郵舖、驛站分縣設立，例如從前新安縣內，就向北沿途設有多個驛站與郵舖。當設至東莞縣邊境時，該縣亦因設有驛站和郵舖，於是由新安縣政府傳遞給廣東巡撫的文函，便由新安縣傳至東莞縣，再由東莞縣傳至增城縣而入番禺

縣，再傳達至廣州。傳遞文書的公差，主要是騎快馬傳送；馬可急跑一段路程，由甲站跑到乙站，由乙站接文書傳至丙站。每站用不同的馬，以免馬兒越跑越慢，故要換馬，於是有人以為「換馬」源於郵驛，其實不確。

古代以郵驛傳遞公文，不是換馬，也不是換人，而是一種接力傳遞法，無所謂「換馬」或「換人」。基本上，文書只送到站，站長收到文書即發回收到的文據，將文書傳往另一驛站去，所以「換馬」不是源於郵驛而是源於賽馬。

由於人馬常被並稱，故「換馬」可引伸為「換人」。

「做馬案」派生貶詞

「做馬」這句話在香港亦頗為流行，而且很多人明白「做馬」的意思是什麼。這是一個貶詞，用來形容某些不公正而被視為公正的事。

在馬圈裏，這句話更為流行。由於賽馬是在公平之下競賽，但因多次出現過「做馬」案，揭發了某些人在幕後操縱若干次比賽的賽果，遂曾經鬧出轟動一時的大新聞。因此人人都明白「做馬」的意思，那是預先操縱一件事的結果。

在歷次「做馬」案中，其情形是差不多的；總是一匹大熱門的馬跑得無影無蹤，而同場中有一匹大冷門馬則跑了「頭馬」，形成「爆大冷」。事後追查原因，發現有關係的人物，預

先已投注在這匹「冷馬」上，他們是預早已內定這一匹「冷馬」跑出「頭馬」。因此除「大熱門」馬倒灶之外，其餘「次熱門」的馬也跑得不知所謂，這種情形就叫做「做馬」。揭發「做馬」案之後，有關人物自然受法律制裁，但「做馬」一詞便由於常常有「做馬」案出現，而成了人所皆識的詞句。

因此，在社會上若有人預先操縱一件事的結果，便用「做馬」一詞來形容。例如在選舉什麼小姐、什麼歌星或什麼代表時，辦事的人預先內定了某某人當選，人們就用「做馬」來形容這一次選舉。有些幸運抽獎，主要的大獎已由內部操縱，不會送出去給外人，人們亦用「做馬」一詞來形容這種情況，意思就是用「做馬」案的方法來控制結果，是以含有諷刺不公正以及貶低此事之意。

在香港，會說「做馬」這句話的人不一定是賭過馬的，他們甚至從來未到過馬場，但不會賭馬亦明白什麼叫「做馬」，原因是從報紙的新聞版看過多次「做馬」案的新聞。

「馬前」「馬後」角色各異

有些俗語雖然和馬有關，但卻和賽馬無關的。例如「馬前」一語，並非是出自馬場。

「馬前」現時流行於食物店及酒樓行業，在粵劇界和娛樂圈亦常有人使用。它的意思是趕快，例如有食客要了一碗麵，但

久久還未送來;「樓面」覺得可能是廚房漏了單,因此進廚房去,叫廚師趕快製好那碗麵,便叫廚房「馬前」。

有些人望文生義,認為馬跑向前自然很快,因此用「馬前」一語表示趕快。其實「馬前」的語源和馬無關的,但又並非真的與馬無關。這話怎說?

所謂無關,是與四隻腳的動物中的馬無關;說與馬有關,則是與粵劇舞台上,用一條馬鞭來代表馬的「馬」有關。原因是,「馬前」的語源是來自粵劇界。

原來,除「馬前」之外,另有一句「馬後」,都是早期粵劇界的常用語。粵劇戲班演出時,有一位叫「提場」的工作人員。這位「提場」是負責催促演員出場的,當他看到劇情演至應到某一位演員出場時,就走到這演員的箱位處大叫「馬前」,即是叫他們趕快出場。

但有時由於時間關係,往往要刪改若干情節;本應出場的演員站在虎度門口時,「提場」為提示他不可這樣快出場,則用「馬後」一語。

粵劇有「狀元遊街」,以及「洗馬」等排場,而負責牽馬的演員是先出的。這演員有時作為牽馬的馬伕,有時卻又作為一匹馬般跳躍。因他在馬兒之前,出場最先,是以稱趕快為「馬前」。而隨着馬後出場的,則是一些「拉扯仔」,他們往往是慢條斯理出場的,因此用「馬後」來形容慢一點出場。這是「馬前」和「馬後」兩語的來源。是以它們最初是流行於粵劇界,後來才漸漸廣泛流行,成為頗多行業用的流行語。

「頂櫳」反映戲院舊事

有一句流行語於目前在粵劇界仍多人說，它和「爆棚」有同等意思的，此語名叫「頂櫳」。

「頂櫳」除了形容滿座之外，同時亦用來形容聲勢大，例如形容某老倌的戲金高至巔峰，亦稱他的戲金「頂櫳」。故「頂櫳」亦有達到巔峰之意，這句話留下了從前戲班演戲的生活印跡，故值得向大家介紹。

香港和廣州也是一樣，初期並無戲院，要演戲得先搭棚作戲台及座位；直至後來才有戲院出現。最初的戲院都是照中國古老大屋的形式建築，戲院只有堂座而無樓座。在進入戲院堂座之處，亦如古老大屋設一座木製的堂櫳，戲院開場時，將這座木堂櫳拉合。戲院堂座入口分東西兩處，兩處入口都有木堂櫳；作為入口的閘門，這座堂櫳很堅固，比現時的鐵閘堅固得多。

香港早期的戲院有九龍普慶坊的普慶戲院和港島皇后大道西的高陞戲院。這兩間戲院的堂座入口處，都有東西兩座堂櫳。在入場時，由「大隻佬」守在入口處查門券，然後放人入內。由於早期香港並無娛樂稅，亦無限制觀眾人數，故此每當大老倌演出首本名劇時，除了出售有座位的入場券外，並售企位的入場券。當企位的觀眾太多時，便要企在堂櫳的旁邊，即觀眾多到頂着入口處的堂櫳看戲，故此用「頂櫳」來形容滿座及旺台之勢。這是「頂櫳」一語的來由。

　　後來港府對戲院的建築有很多規定，舊式的戲院亦拆去改建為新型戲院；戲院的入口處已無堂櫳之設，並且不許有站立的觀眾阻塞走火通道。雖然堂櫳已不存在，但「頂櫳」一語仍流行不衰。這句話記錄了早期戲院的情況；若不是留下這句話，便不知早期戲院有堂櫳。

娛樂圈常見「換畫」一詞

　　「換畫」一詞，是報紙娛樂版報道一些男藝員換了另一位女友時經常使用的詞語。（有時候，女藝員換了男友，亦稱之為「換畫」。）這明顯是由從前的「換馬」演變而成「換畫」的，「換馬」和「換畫」是同義詞，但卻反映時代不同。若在三四十年前使用「換畫」一詞，則會無人瞭解；現在只要說某人「換畫」了，便知道某人的親密女友換了另一個人了。

　　為什麼在從前不使用「換畫」一詞呢？因為「換畫」是電影院行業的行內語，那是由於電影院從前叫影畫戲院，電影又稱「影畫戲」，當一部影片在一電影院內放映多日之後，便要換上新的影片；換新的影片上映，便稱為「換畫」。

　　自有電影院以來即有「換畫」的現象，為什麼從前不流行用「換畫」來形容換人呢？原因是從前電影製片廠生產一部影片要一段時間；同時電影公司亦不多，一間戲院上映一部影片，雖然不很賣座，也因為新片來源不足，只好多映幾天。換

言之，就是「換畫」並不頻密。

戰後，香港的影片來源充足，一部影片如果不能賣座，戲院方面立即就「換畫」；常見有些影片，放映兩天後，到第三天就「換畫」了。可以說，近二十年來，電影院「換畫」的密度比以前高很多，觀眾開始注意到電影院「換畫」的情形；一旦發現他們頻頻「換畫」（而娛樂界對此更加注意）的原因，是片商或院方認為被換去的影片再沒有經濟價值，會阻礙戲院業務的發展。那末，他們便會明白被換去的影片已沒有吸引力以及是一部令人討厭的影片。故此，當時下一些男女藝員拋棄「舊歡」而換上「新歡」時，也是認為「舊歡」沒有吸引力，阻礙自己發展，這和戲院「換畫」的情況有點相似，因此便稱之為「換畫」。故「換畫」最初是流行於電影圈內的，由於傳媒亦常用圈中人的用語，便廣泛傳播，於是成為一句流行語，而為公眾所認識。

「一腳踢」也會「踢晒腳」

有一句話在「打工仔」口中常用，此話叫做「踢晒腳」，或稱「踢腳」；這句話用來形容工作忙到不可開交，有應付不來之感。而通常用「踢腳」來形容工作忙碌時，多在兩種情形之下：第一是人手不足；第二是顧客太多而又出乎意外，在忙亂中去應付這種場面。

　　用「踢腳」來形容工作忙中有點亂的情況，語源也是出自馬場；馬場上一群馬擠在一起競跑時，看起來馬腳忙亂，好像會腳踢腳。而事實上的確常有馬匹踢腳之事出現，更有自己的後腳和前腳相踢的；這種自己腳踢自己腳的馬，有個專名，叫作「打蹄」。

　　其中用得最流行的是在酒樓服務的工友。每當顧客如雲的時候，他們既忙於招呼新進來的客人，又忙於應付已有座位的客人要吃什麼；客人之中有叫埋單的，有叫炒粉炒麵的；侍應顧得東時西又叫，其情形真的有如身在馬群中的一匹「踢腳馬」，是以每用「踢晒腳」來形容這種情形。初到香港來的外省人，不知「踢晒腳」是什麼意思，其後聽到另一句「一腳踢」的俗語，以為「踢腳」即「一腳踢」。

　　「一腳踢」是一個人什麼都做的意思，這原來也是一種工作制度。此語源於從前請女傭，女傭的工作本分「近身」、「洗熨」、「煮飯」、「打雜」等四種，「近身」是指服侍少奶奶一人的女傭，「洗熨」是只做洗衫和熨衫工作，「煮飯」即做廚房內的工作，「打雜」則是指做雜務，例如洗地、掃地、抹窗門等工作。只有大家庭才會請齊四種女傭，至於一般小家庭請女傭，則上述四種工作都要做；這種女傭便稱「一腳踢」，即將四種工作包攬起來做。故「一腳踢」和「踢腳」是不同的，但「一腳踢」有時亦會「踢晒腳」。

「撞死馬」的傳說

　　香港人稱綽號為「花名」，香港有很多通行而公用的「花名」，而且數量不少。查綽號在中國很早就出現，唐朝已有綽號，但不叫綽號而叫諢名，到宋朝才稱綽號。廣府話稱為「花名」，相信是由諢名轉變而來；因廣府話有「諢諢化化」一語，諢即是化，諢名亦即化名，轉「化」為「花」，故稱「花名」。

　　有一種人，被賜以「撞死馬」的花名。這種人通常做事不小心，行動魯莽；同時又不懂禮貌，更不肯聽人勸告。凡集中上述各種缺點的人，都一律稱之為「撞死馬」，這是一句公用的綽號。

　　在一些公司或機構內，大多有這一類「撞死馬」的人。總之，只要一提「撞死馬」，大家就知道他是誰。

　　關於「撞死馬」這綽號的起源，傳說很多，有一說是起源於廣州；有一說是起源於香港，但故事卻是差不多的。現在先說廣州方面的。據說，從前廣州大馬站是一處出租馬匹及馬車的站頭。有一天，有一位搬運工人托着一條大杉經過大馬站。當起運的時候，僱主告訴他，在經過大馬站時，要留意路上的行人和馬匹。但這人一向粗心大意，又不聽人勸告；在托着大杉上路時，一味高呼：「閃開！閃開！」人們聽到他叫閃開，自然會閃避；但是當托到大馬站時，他看見一匹馬在前面，也大叫閃開閃開。馬當然不會閃避的，只見他的木杉向馬一撞，遂將牠撞死。結果他當然是要賠償了。這是「撞死馬」一綽號的

來歷傳說之一。至於在香港的傳說，則是說早期香港的馬路有很多馬車來往，有一位托杉的魯莽工人用木杉撞死馬車前的馬。在審問時，他也是說曾經叫牠閃避而未果，撞死馬與他何干？

「坐飛機位」形容貼切

「坐飛機位」在香港有兩種，一種是在看表演時所說的；一種是在工作時所說的。

第一種「坐飛機位」，那是指座位遠離舞台之外，並且位置極高；這樣居高臨下，有如坐在飛機上面望下地面去一樣。例如到紅磡香港體育館去看歌星表演，最廉價的座位照例編排在最後也是最高的位置。坐在這種位置望向表演的舞台，真正有如在飛機上向下望一般，所看見的歌星似只有一吋多高。若非有大銀幕反射影像，委實難以認出歌星的面目。像坐這種座位可稱為「坐飛機位」。

這種飛機位最初出現於香港，並不是在足球場，而是出現於皇后戲院。皇后戲院從前有一種座位，名叫「高等」；這種座位名副其實是「高人一等」。它是在四樓上面，座位入口處在戲院裏那邊，要步行一百多級梯級才能上去。觀眾身置其中，就真的有如在飛機上望下銀幕一般。

另一種「坐飛機位」是在工廠內，這種俗語流行於工人口中，其中以製衣廠最流行。因為製衣廠每一位女工都有一指定

的車位，她們上班時各自坐在自己的車位上工作。但是，有一種女工稱為「長替」，即長期代替休息的工友工作。這一位「長替」的女工，在上班的時候便沒有長期使用的車位，哪一位女工休息，她便要到這位女工的車位上工作，故此，她今天坐在第二號車位，明天坐八號車位，後天坐十二號車位；由於天天不同車位，就好像坐飛機遊埠一樣；今日遊甲埠，明天遊乙埠，後天遊丙埠，故稱之為「坐飛機位」。

兩種不同的「坐飛機位」，都是形容得十分貼切的，前者表示飛機在高空上，用以形容座位之高，後者以飛機流動性來形容工作崗位的性質。

「攞景還是贈慶」

「攞景還是贈慶」，這是一句頗為流行的俗語。這句話在外省人聽起來是感到一頭霧水的，原因是對於「攞景」和「贈慶」兩詞難以理解。照字面上的解釋，「攞」是取，「景」是風景，「攞景」即取景。現時攝影術亦有取景法，但若以為「攞景」是取景的意思，便難以明白此語的真意。「贈慶」若從字面去解，其意思還可以清楚。因為「慶」是慶賀，「贈慶」即給人增加喜慶，但這和「攞景」是毫無關係的，難明之處在此。

這句話的意思，相當於普通話「是諷刺還是祝頌」。諷刺與祝頌有相反的含義，故「攞景」亦即「贈慶」的相反詞，究竟

為什麼會用「攞景」來代替諷刺，便要研究語源的由來了。

　　考「攞景還是贈慶」一語，是和中秋節有關的。在中秋節前，賣月餅的餅家多在門外張燈結綵以收宣傳之效。從前大餅家均在門頭上繪畫大幅的廣告畫，這些廣告畫的題材是多樣化的；有些餅家繪古人故事為景物，例如以「嫦娥奔月」、「貂嬋拜月」、「劉關張桃園結義」等場景來作廣告畫的，但亦有餅家利用中秋月餅的廣告畫來諷刺時事，使人看後即知它在諷刺什麼人與事。這種餅家的月餅諷刺畫，近年以旺角龍鳳茶樓一年一度的佳作最令人矚目。比方在它結業前一年的中秋節（一九八八年），便以一群大頭魚來諷刺股市的興旺。這種廣告諷刺畫就是「攞景」畫，由於這些都是賣月餅的廣告畫，上面例有「慶賀中秋」的字眼，故看了這些諷刺畫之後，就會有不知是「攞景還是贈慶」之感。

　　從前在農曆八月初一開始，很多人都歡喜到各餅家門前觀賞廣告畫，稱為「睇下餅家今年攞乜嘢景」，意即看看各餅家的月餅廣告畫取什麼題材。看到那些以時事為題材加以諷刺的，便發出會心微笑而説：真是「唔知它攞景還是贈慶」？

流傳社會的手勢語言

手勢的影響力

　　道路語言即交通標誌，它之所以稱為「道路語言」，是因為這些標誌是一種表達意思的工具，且是道路使用者須遵守的，香港政府運輸署出版的《道路使用者守則》正是一本香港交通標誌全集，從中，我們可以看到香港有很多道路語言是從手勢語言中變化出來的。

　　試看該小冊子第八章〈道路語言〉，其中轉左或轉右的標誌，就是從手勢語言中變出來的。在未有交通標誌時，交通孔道都有交通警察指揮交通，他指揮轉左的汽車時，打手勢轉左，要轉右的時候，又打手勢轉右，這種手勢，和轉左、轉右的交通標誌相同，可知其中符號是由手勢演變出來的。

　　有一個標誌是「不准駛入」，這標誌是一條橫線，這條橫線是和交通警察在崗亭上伸平雙手指示面對的汽車停止的手勢相似，其後改為交通標誌時，亦用這種手勢化為符號而成。

　　這一個符號，後來又被廣泛使用，而成為「禁止」的符號，只是略將線條改成一條斜線，現在所有「禁止吸煙」的符號，都用斜紅線為代表。其他像禁止攜犬進入、禁止在地下鐵路範圍內飲食等，都用這個符號。由於符號改為紅粗斜線，不容易察覺是從手勢語言變出來，但很明顯是從交通標誌中的「禁止駛入」的符號變出來，若瞭解到「禁止駛入」的符號是從交通警察的手勢語言中變出來的，就明白它同樣都是根據手勢語言

變成的。可見手勢語言的生命力頗為強勁。

　　有些文字也是從手勢語言變化出來的，例如上字和下字，均是一種手勢符號，我們用手指向上一指以表示「上」，手指向下一指以表示「下」，正是這兩個字的符號，它留下手勢的痕跡。

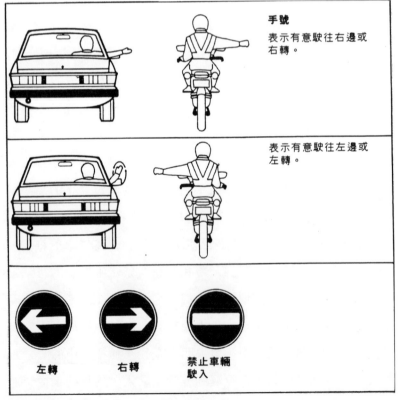

手號
表示有意駛往右邊或右轉。

表示有意駛往左邊或左轉。

左轉　　右轉　　禁止車輛駛入

香港有部分交通標誌係以類似的手勢為設計藍本

通行世界的自然手勢

有一種手勢語言，看似是近代才興起，實則已有千年歷史，此即「請先」的手勢。

「請先」的手勢是這樣的：將右手的掌平仰開，手掌向上，提起至腰前，同時躬身作半鞠躬狀，它是用於禮讓時的手勢。例如朋友二人，一齊候𨋢降機，升降機的門打開了，甲為表示禮讓乙先進，便作這一個手勢，乙也同時做這樣的手勢，表示讓甲先進去，這是一種禮讓的手勢。

兩個朋友截的士時，也用這手勢禮讓對方先行登車。在多種場合裏，都用得着這種手勢以表示禮讓，有時亦輔以語言曰：「請！」

由於現時多用於登升降機及登汽車，很多人以為是現代語言，同時又常見兩人用同樣的手勢表示禮讓，更以為是現代的手勢語言。

其實，在中國古代已有這種手勢語言，在明刻本的小說插圖中，常見這種手勢，在元明戲曲中，也有這種「介口」，可見中國自古即有這種手勢，只因古時用於入席、登堂、進門等方面，以示禮讓對方先行或先坐，用以表示尊重對方，而現在則用於登車或進升降機。

西人亦用同樣的手勢禮讓，相信亦由來甚古。它已成為一種世界性的手勢語言，很多國家的各民族亦用同類的手勢以示禮讓。故不能說中國人學西人，或西人學中國人。它應該是全

人類在懂得禮儀的時候就出現，是一種很自然的手勢，故此通行於全世界。

中國是禮義之邦，禮義成為一種儀表，故很早就用這種手勢表示禮讓。有句「前倨後恭」的成語，其中恭就是恭敬。恭敬和倨傲都是一種儀態，亦即一種手勢，其中以示恭敬的手勢，就包括這一種表示禮讓的手勢。

此時無聲勝有聲

香港從前流行一套手勢語言，是駕車人士必須學會的。這也可以說明，人類雖然能發出聲音語言，卻仍需有一套手勢語言，否則便很難達到語言的目的，語言是溝通思想的方法，但有些地方是不能用語言溝通的，只能用手勢來傳達訊息，使彼此溝通。

從前在十字路口處，有交通警察指揮交通的崗亭，這個崗亭上有遮太陽和雨的亭蓋，高出路面約三呎，交通警察站在亭上，指揮往來的汽車，使駕車人士守秩序，依所指示而開車。這位交通警察，不能用聲音來指揮汽車往來，若用語言來指揮，只怕叫破了喉嚨也無法指揮。須知馬路上聲音嘈雜，駕駛汽車的司機又在車廂內，是不可能聽到交通警察的聲音的。

交通警察的手勢是很簡單的，一個手勢是停止的手勢，一個手勢是開車的手勢；在十字路口，他必須照顧前後左右，當

他需要某一條行車線的汽車停止時，便將一隻手向橫伸出，使這伸出手的一條線的汽車停止，而另一隻手則揮動，表示另一條線的汽車行駛。在行駛中的汽車行列裏，又必須有一個預備停止的手勢，這手勢是將手向前指着將要駛過路口的汽車，這汽車司機被他一指，即等於接到他的訊號，馬上停車，交通警察便把手橫伸，表示這一條行車線不能通過。這就是交通警察的手勢語言。

香港在七十年代仍有若干個十字路口的交通指揮亭，到七十年代中已全部用紅綠燈所代替。照所知，最遲拆去的交通指揮亭，是在灣仔區的波斯富街和洛克道的交通亭，此亭拆去後，交通警察的手勢語言除了突發性事故外，平日便不易見到了。

汽車指示燈依手勢設計

起初以為交通警察所用的手勢語言已不適用，不料這種手勢語言未因取消交通崗亭而廢止，有時遇到塞車，仍見到交通警察運用手勢指揮車輛前進或停止。

原來，當發生車禍，道路有一邊行車線停頓，就要勞煩交通警察在路上指揮交通，他將閃燈的摩托車停在路上，自己在閃動黃燈的摩托車旁邊指揮交通，所用的手勢，是和崗亭時的一樣，而駕車人士亦懂這種手勢語言。可見一種已停頓不用多

時的手勢語言，隨時運用起來亦都容易明白，駕車人士會按手勢所示而行動。

有時，市區在繁忙時間，有某一組交通燈失靈時，仍須由交通警察用手勢指揮交通，因此這種手勢語言仍然間歇性被使用。

在學習駕駛汽車時，雖然現時汽車均有自動指示燈表示駕車司機準備停車、轉左或轉右，但教車師傅仍然是不能忽略駕駛時使用手勢語言，這些手勢語言在教車時一定會教的，這是提防汽車的指示燈突然失靈，就需要使用手勢語言。其中有一種手勢，是通知後面的汽車超前，這種手勢是隨時需要使用的，因為汽車的指示燈，並無通知後面的汽車超越自己的汽車的燈號，這一手勢是不能不學會的。

現時汽車的黃色指示燈是由手勢語言演變而成的，五十年代汽車還未有此種指示燈，司機全用手勢指示意向，後來汽車廠根據手勢製造手勢形指示燈，當時的指示燈是彈出如一把尺，伸出於車外，這種指示燈是根據手勢而設計的，後來才改良為不用彈出，而只用閃燈，且不在司機座位旁邊，而在車頭和車尾。可見手勢語言的影響力，它能影響汽車廠依手勢而設計。

永恆的嬰兒手語

　　香港現時通行的手勢語言是很多的。手勢語言分兒童手勢語言和成人手勢語言，這也顯示手勢語言是從兒童時期培養出來的，亦等於說明，在人類未懂得語言時已運用手勢來說話。

　　幾個月大的嬰兒除了哭哭啼啼之外，尚不會說話，但他們已懂得抖動他的小手來表示需要母親的擁抱。很多專家在鑑定嬰兒是否弱智時，也是從他們的手勢語言去觀察，手勢語言運用得越多，此嬰兒的智力越強，無手勢語言的嬰兒，則很可能是弱智的。現代有經驗的母親，常常用各種方法，誘發嬰兒的手勢，以觀察他的智能表現。

　　這種手勢語言就在兒童時期培養出來。有些語言在兒童期常用，到了成年期不用，但等到生了兒女時，父母又用他們在兒童期所用的手勢來教兒女作手勢語言。有些語言，由兒童一直到老年都在運用，其中最流行的一種手勢語言，是自兒童至老年仍用的，它便是一種稱作「拜拜」的手勢語言。

　　這種手勢語言的手勢，是舉起手，並擺動着手指，用於向親友表示再見。香港人以「拜拜」稱再見，故這種手勢稱為「拜拜」手勢。

　　本來，成年人已懂得說話，只要會說「拜拜」或再見，是無須運用手勢來表示再見的。但是，有些場合不能運用發聲語言的，例如在遠距離的地方送行，或在嘈雜的地方、密封的冷氣車廂內隔着玻璃窗告別，彼此都要運用手勢語言。可見即使

有發聲語言，這種「拜拜」的手勢，仍永恆地運用。

很多嬰兒在父母的誘導下，未會説話已懂得舉起小手表示「拜拜」。這一手勢語言由一歲起到八九十歲都在運用，是香港最流行的一種永恆的手勢語言。

善用手指　創意無窮

兒童們有很多手勢語言，到年紀稍大之後便不再使用。其中一種是用一食指在面頰上向左右搖動，這個手勢代表嘲笑對方失儀，俗稱「醜啊」的動作，這種兒童手語通常伴以「醜死鬼啊」一語，但有時是不一定加上語言的。

有一種手勢至今仍在兒童中流行，即是伸開一隻手的五隻手指，將拇指對着自己的鼻子，然後搖動其餘四隻手指，這個動作是表示「唔埋得鼻」，意思是認為對方的所作所為不正當或不正常，是貶語式的手勢語言。

廣州話有「唔埋得鼻」一語，這句俗語等於説是「臭不可聞」，因為臭的氣味是鼻子所不願嗅到的，故用「唔埋得鼻」作為貶語，指對方的所作所為是臭的行為。兒童用拇指指着鼻頭，搖動其餘四隻手指表示「不」之意，故這個手勢是表示對對方的行為加以嘲笑，代表「唔埋得鼻」。

舉起手掌在前面搖動，表示不要或不同意，在兒童中流行，但到了成年以後仍使用，這種手勢語言是不分年齡的。這

是否定的手勢，與前一種「唔埋得鼻」的手勢含義不同，它不作貶語，而只表示反對。

　　同樣，一種讚美和頌祝的手語，也是自兒童到老年，適用於整個人生的。它就是豎起一隻拇指，表示第一之意，凡頌揚對方了不起，或說他的成績甚佳，都用豎起拇指來表示。

　　由於拇指是手指上的第一隻手指，是以豎起這隻第一隻手指，便是表示頌揚對方「第一」。相反，若豎起尾指，就是表示對方的成績很差，等於說他所作所為是很低級的，或是不入流的，因尾指是最尾的手指。

舉手示意　老幼皆知

　　有些手勢語言已成國際性的，因此有人認為這種手勢語言是從外國傳來的，它就是「舉手」以代表贊成。香港的立法機關在討論重要法例時，亦用「舉手」作為贊成的語言。

　　其他社會團體、學校，甚至公司會議、家庭會議，都是用舉起右手來對討論事項表示贊成。這種手勢語言被人稱作從外國傳入，是因為外國通行這種表決方法，而中國古代並無民主制度，重要決策不是由全體去決定，而是由皇帝去決定，是以認為中國無「舉手」作為贊成的語言。

　　這是很片面而又未深入研究所得的結論。我國古代雖然一切政策沒有通過民主討論，但這只是政治制度方面的情形，在

民間仍是有討論表決的，對於地方公益事務的討論，很古以前亦都有「集議」這種民間制度，在集議公益事務時，也是有表決的，而表決的方法，亦用「舉手」表示贊成的。

因此不能說「舉手」是外國傳入中國的手勢語言，在中國，應是很早即有這一種手勢。

舉手除了作為贊成的手勢之外，亦有表示要求發言的意思，在研討會上，在一些演講會上，或討論會上，若想發言或發問，都必須先行舉起右手，主席看到這種手勢，便會考慮讓他發言。

現時，在推行學前教育的幼稚園裏，教師亦教育幼兒使用這種手勢語言，而且是不必費很多唇舌就會教曉他們用舉手來代表贊成或發問。現代流行的「舉手」看似是文明的產物，其實，若果到過少數民族聚居的地區去考察過，也會見到很多未接受過教育的人，亦會用舉手來代表贊成的，筆者曾見過很多未讀過書的小孩子，當他們聚成一群進行遊戲時，也是用舉手表示願意進行某種遊戲的。

數目手語減少誤會

數目手語的起源，至今尚無人作專題研究。它是屬於人類學範圍之一，應和「手勢」一起研究，因為「手勢」亦是一種表達意思的工具。語言學家只研究發聲的語言以及代表聲音的

文字語言，對「手勢」語言尚無認真去研究過，因此數目手語的起源，尚屬一個謎。

在若干次和學人們閒談時曾討論過這些問題，有些學人認為數目手語是有文字之後才出現的，但亦有相反的意見，認為數目手語出現於文字之前，未有文字已有手勢語言。而數目手語則是語言的先驅，有了數目手語才有數目文字。

後一意見是可取的，人類在原始時代，第一種自發語言應為計量語言。人類要群居才能對付野獸的侵襲及獵獸而生活，對於群體的人數和獵物的數目應有其計量方法。人類有十隻手指可伸可屈，利用手指為計量的動作是很自然的事，手指的伸屈表示數目，應是在有文字之前已出現，故數目手語是人類最早的語言。

數目文字是和數目手語有關的，中國文字中的一、二、三，是和手語的一、二、三完全相似的，最早的四字是四畫的，五字是五畫的，與手語數目的形狀完全相同。

數目手語最初是用雙手來顯示，其後發明了文字才用單手手語，是以單手的數目手語是有了文字之後才出現的。香港玉器行議價的手語即是屬單手手語，這是有文明文化之後的手語。

數目手語能流傳起來，是因為它對語言有輔助作用，在聲音嘈吵的場合，說話常會聽不清楚，佐以手勢顯示正確的數目，則在最吵鬧的場合，對方亦可清楚地知道他所說的數目是哪個數目。同時，在一些方言複雜的地區做買賣，對不同方言的人，佐以數目手勢亦可減少誤會。

打開茶壺蓋

現時通行的一種手勢語言，是在茶樓飲茶的時候，需要叫夥記斟水進茶壺裏面，只要將茶壺的蓋子拿起來，放在壺耳旁邊，茶樓的樓面見了，就知道你需要斟水，馬上過來，拿起茶壺斟水。這種手勢語言，是源自從前茶樓用焗盅來「沖茶」的。焗盅是一個茶碗，上加一個蓋子而成。茶葉放在茶碗內，斟入開水後，將茶碗蓋蓋住，則碗內的茶葉，因這個蓋子蓋實而焗出濃茶來，是以稱這個有蓋的茶碗為「焗盅」。

從前茶樓全部用焗盅「沖茶」，在用焗盅時代要斟水也是把焗盅蓋拿起來，放在焗盅旁邊，作為一種手勢語言，樓面見了就會走來「沖水」。自從茶樓不用焗盅而用茶壺，便改以揭起茶壺蓋表示需要斟水，這種手勢至今仍通行。

據説這種手勢的起源，是在清代才開始的，發源地是在廣州。在清兵攻佔廣州之後，當時清兵中的八旗子弟，隨着八旗兵勇在廣州定居，他們藉着父兄輩官威，常常欺凌百姓，廣州人稱這些人為「旗下佬」。「旗下佬」當時喜歡鬥鵪鶉，常常捧着鵪鶉上廣東茶樓飲茶，他們利用茶樓中的洗茶杯的茶盅作為浴缸，待開水降至溫水的程度，便替心愛的鵪鶉洗澡，洗完浴後，傾去焗盅內的茶，將鵪鶉放在茶盅內，用蓋子蓋着讓牠休息。

有一次，某茶樓樓面夥記到茶客面前揭開焗盅斟水，孰料這樣一斟，便將一位「旗下佬」放入焗盅內的鵪鶉泡死了。這

位八旗子弟頓即聲勢洶洶索賠，結果茶樓方面賠了很多銀両。經過這一次之後，樓面夥記集議，決定如茶客不打開焗盅蓋便不斟水，以免發生同類的事，自此之後，揭開茶盅蓋便成手勢語言。

葉編玩具「吹啤啤」

被人遺忘的早期兒童遊戲

提起香港人生活的早期面貌，其實有關香港兒童生活的歷史，亦足一述，這是很多研究香港歷史的人所忽略的。所謂「兒童是未來主人翁」，查近世才有此說，這論點在從前是沒有人提出的，故香港開埠之初，並無保護兒童的法例，政府對兒童也沒有足夠的關注。當時兒童只作為一個家庭中的一分子，僅在其家庭居住的社區中活動，於是繼承了父母從農村中帶來的兒童生活方式。

早期香港居民大都是從鄰近地區的農村裏遷徙進來的，他們出生於中國農村，自然也有自己的「兒童期」，他們的兒童時期在農村過着農村式的生活。當他們移居香港之後，所生下的子女，亦讓他們過着農村式的兒童生活。農村式的兒童生活是一種廉價的生活，父母不必為兒童買玩具，也不必為兒童購買兒童服裝。當然，這並不是說，早期的父母忽略對兒童的愛護，而是父母親的收入極為低微，生活水平低至能吃得飽已經很心滿意足。在這情形之下，又哪裏還有多餘的錢為兒童購買玩具和兒童服裝？

但是，早期的香港兒童是否完全沒有玩具呢？不是的。母親在閒暇的時候，會為兒童製造一些簡單的玩具，供他們遊戲。其中最簡單的一種玩具，是用樹葉摺紮而成的音響玩具。

這種玩具名叫「吹啤啤」。大部分從農村來的婦女，都懂

得將樹葉摺成一角狀形，
放在嘴唇上，用氣吹動，
發出「啤啤」的聲音，用以
逗三四歲的兒童歡笑。兒童
聽到這種聲音，都會很覺好
奇；於是母親教他們吹，他
們便會照樣將葉子吹得啤啤
有聲，玩得也很開心。這是
最廉價的兒童玩具，也是早
期香港兒童常玩的玩具。

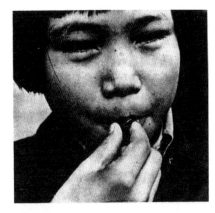

以樹葉捲成的發聲玩具，曾經廣受香港
兒童歡迎。

　「吹啤啤」至今仍是兒童玩具之一。這種玩具是從樹葉摺製
的形式發展起來的，其後隨着社會發展，即使在下層社會裏，
亦有收入比較多一點的人，他們可以抽出極少量金錢為兒童買
最廉價的玩具；於是亦有人專門製作葉子玩具，在街邊擺賣，
幫補生活費用。

　使用各種植物的葉子製造玩具，是農村母親或父親都具備
的技能。他們利用農村常見的植物葉片，結紮成各式各樣的玩
具供孩子玩弄取樂。其中一種長葉片的植物，名叫蘆兜。蘆兜
的葉子本來是有刺的，只要把葉上的刺削去，就可以用來結紮
各種玩具。

「跑馬仔」與「煮飯仔」

　　現時香港仍有人利用蘆兜葉製成工藝品出售，通常是用來製作草蜢形小擺設。早期香港用蘆兜葉製作的玩具形式是多樣化的，草蜢只是其中之一種而已。由於蘆兜葉是長帶狀的，故可編織成任何形式的東西，而絕不限於草蜢。

　　早期的葉子玩具除「啤啤」之外，尚有編織成各種小型器皿的，如籮、斗箕、茶煲、飯鍋、風爐等；至於動物方面，除草蜢外，則有雀、牛、馬、羊、狗等種類，此外，亦有紮成糉子形狀的。這些葉編玩具，同樣是從農村帶來香港，它們很快便在入息低微的家庭中普及，為人父母者，每每喜歡為兒童編織這種玩具來玩。而入息較高的，可用一兩個銅錢買給兒童玩。

　　在葉編玩具中，有很多可以作集體遊戲之用的，例如其中用蘆兜葉紮成的馬形的玩具，可以用作「跑馬仔」遊戲。它的玩法是由每一位兒童各持一隻馬形的葉編玩具，放在平地上或枱面上，大家先將玩具排列在一條直線上，然後「一二三」發出號令，將馬形玩具向前推，看誰推得最快、最先到達終點。

　　用葉子編織的小馬，本是四隻腳均不能動的，怎樣可以「跑馬仔」呢？原來，兒童們將手中的葉子馬放在一條平行線上，一齊用手將它推向前，這隻馬仔，如果四隻腳仍能屹立不倒，而且因推動而向前滑，推得最前的便算跑第一；其他各人的馬，有因推動時不平衡而倒下的，便即場淘汰或重新再來，而跑得慢的這便作輸。

　　輸了的又怎麼樣？輸了的，把小手掌伸出來，讓贏了的打手心。至於打多少下，則由大家事前約定。事實上，大多數參與遊戲的兒童們都很守信用，玩輸了會自願伸出「手仔」。

　　香港早期的兒童，在缺乏政府供應集體遊戲設備時，仍能有秩序和遵守遊戲規則玩集體遊戲。有些人認為，這類集體遊戲就形同賭博。其實這不是賭博，這是競賽，而且是在訓練兒童們遵守遊戲規則，亦即養成遵守公共秩序的習慣。

　　除了「跑馬仔」外，另有一種集體遊戲，也是用葉編玩具來進行的。由於葉編玩具中有飯鍋、風爐、箕、斗、小簍和碟子等，兒童們會用這些玩具，仿傚母親在廚房煮飯的情形。有些孩子拿起「小簍」作洗米狀，然後將「簍」中的米傾在「鍋」內，把「鍋」放在「風爐」上面，做一種「入廚煮飯」的遊戲。這種遊戲叫做「煮飯仔」。

　　其實，這種模仿大人烹飪的遊戲是沒有米、沒有水，而「爐上」也沒有火的。一切洗米、煮飯都是假想的，每一位兒童都有想像力，而且都能分工合作，彼此之間十分融洽。煮好飯的時候，他們又裝作大家一齊吃飯；吃完一次之後，又重新來玩過，照樣「洗米煮飯」。

　　「煮飯仔」是一種相當流行的兒童遊戲，差不多全廣東省的兒童在早年都玩過這種遊戲，香港早期的兒童亦不例外。至今在很多缺乏兒童遊樂設備而附近又多兒童的住宅區，仍有兒童愛玩「煮飯仔」。

　　兒童在遊戲中常模仿母親或父親的工作，「煮飯仔」就是由此而產生的，他們看見媽媽在廚房煮飯，便模仿起來。由於

這種遊戲十分流行，因此石灣的陶瓷廠亦製造一批缸瓦玩具，依照廚房用具的形式，製成小型的瓦罉、粥煲、風爐等玩具，供兒童遊戲之用。這種缸瓦玩具在清末已出現，而且運到香港來。隨着香港人口以及有能力買得起這種缸瓦玩具的人增加，「煮飯仔」遊戲就更加流行了。至今石灣仍有製造，是以仍見有「煮飯仔」遊戲。

模仿父母「擺家家」

　　然而，大多數當代人並不知「煮飯仔」遊戲是由葉編玩具開始的。同時，與「煮飯仔」遊戲相似的另一種兒童集體遊戲，也是由葉編玩具開始的。這種兒童遊戲名叫「擺家家」。

　　「擺家家」是仿傚搬家時，父母將傢俬重新擺設於一個新環境中，這種遊戲需要更多的葉編玩具才能進行。上文說過，利用蘆兜葉可以編織成各種形狀的東西，其中用蘆兜葉織成枱、椅、櫈、床和櫃，這便成為兒童用來玩「擺家家」遊戲的「傢具」。這種遊戲通常是三至四名兒童一齊玩的。他們把葉子編成的「枱椅床櫃」等「傢具」，齊心合力地由這一個角落搬到另一個角落，並將「枱」、「床」等玩具按照家裏的放置模式重新擺設。「擺家家」也是常常和「煮飯仔」一齊進行的，因為，小朋友這時已懂得父母在搬好了傢俬之後，就立即煮飯吃。「吃完飯」之後，其中若有一名小童提議搬到另一邊去，於是又齊

心合力將「傢具」搬動，搬在另一地方重新擺設。兒童可以用這方法玩個大半天的，有些兒童在搬了「床」之後，還假裝着太疲倦了，要睡一覺；可他並不是睡在那張葉子編織的床上，只是伏在膝頭上假裝睡覺而已。

「高級」遊戲「打陀螺」

陀螺是早期香港兒童另一種自製玩具，陀螺這種玩具已少見了，相信現時很多小孩子都不認識。它是用木頭削成圓錐形，然後在最尖端的地方打一口針進去，再將針頭磨尖，而成陀螺。

陀螺是用一條繩子來使自身轉動的，小孩子用長繩在陀螺身上繞繩圈，繩圈必須依次序逐圈逐圈纏繞。繞至繩尾處，然後用中指、無名指和尾指三隻手指將繩尾緊握，用拇指和食指將陀螺握緊，隨即用力向地上一拉一放，陀螺就會在地上轉動，直到轉動停止。

這種玩具在全中國各地都流行，《帝京景物略》亦有北京的兒童玩陀螺的記載，可見其普遍流行的程度。兒童利用竹樹等樹頭來製造陀螺，並於街邊遊戲。通常是九歲以上的兒童才會玩，是比玩「煮飯仔」和「擺家家」較「高級」一點的遊戲。所謂較「高級」，即是指年齡較大的兒童所玩的遊戲。須知兒童遊戲有年齡規限，有些遊戲要年齡較長的兒童才會玩，陀螺

即是其中之一。

　　陀螺可以單獨由一個兒童玩，亦可以作為集體遊戲，有時可以讓七八名小孩子一齊玩。通常是用走圈子作為集體的玩法，例如有四名小孩子各持一個陀螺，他們先在地上畫一個圓圈，然後用猜「程沉剪」[4]的方法分先後次序。玩者將陀螺拉動，使之在圈內轉動。最佳的技巧是在圈的邊緣轉進去又轉出來，然後在圈外停頓。假若發動了的陀螺於圈內停頓，即作為「死陀螺」，要放在圈內任由其他的陀螺「打」；其他孩子便可以拉動手中的陀螺「打」向放在圈中央的「死陀螺」。由於陀螺的尖端是一口釘子，打下去時，被打的陀螺便被釘子打得遍身都是釘孔。

　　打陀螺雖然可將另一孩子的「死陀螺」打得遍體傷痕，但卻要遵守規則：在打「死陀螺」的時候，必須令自己打下去的陀螺最後跳出圈外，如果跳不出圈外而躺在圈內，就成了「死陀螺」，做了替身。這時候，它便要放在圈內任由其他的陀螺打了，先前的那個「死陀螺」也因此復活。

　　兒童集體遊戲可以訓練兒童守法和遵守社會秩序。中國農村的兒童在玩這種遊戲時，並沒有成年人在旁監督。當這種遊戲被帶進早期香港社會的時候，也是沒有成年人在旁監督的，但玩陀螺的孩子們也能自律地遵守秩序。假若其中一名孩子不肯遵守秩序，就無法玩下去，其他的孩子便會拿起自己的陀螺

4　今稱「包剪揼」。

跑返家中，此後大家都不再歡迎他參加遊戲。換言之，這名不講理、不守遊戲規則的孩子，已被排擠出集體遊戲之外。

　　由於陀螺的製造過程較為複雜，不是所有的孩子都能製造，是以也有些人製造陀螺出售。賣陀螺的人，往往會將它連同其他原始的兒童玩具一起出售，如葉編玩具等等，而售價都是很廉宜的。在二十至三十年代，在西營盤和油麻地這些兒童最多的地區，都曾經有人擺賣陀螺，但至今已完全絕跡了。

射程八呎的「霹北筒」

　　擺賣原始兒童玩具的人，所售貨品都是自製的。他們到郊外採摘蘆兜葉和榕樹葉，採些樹頭來製造玩具，然後擺在街邊地上出售。在這些玩具攤檔中，還有一種現時已無法見到的兒童玩具，它叫做「霹北筒」，那是一種竹製的玩具。

陀螺的水平打法

「霹北筒」又稱「逼迫筒」，它是利用竹樹的較粗的樹幹和樹枝製成。因它的形狀像筒，而在玩的時候，又會發出「霹北」的聲音，故名「霹北筒」。

「霹北筒」最初也是由為人父母者給子女製造的；製造的方法並不複雜，只要截取一大一小的竹樹的枝幹即可製造。其中一段竹枝，其竹筒的直徑粗約一個五角硬幣，另一段竹枝的直徑，以剛可塞進竹筒的內腔去為適度。

製作「霹北筒」時，先將粗一段的竹筒內的竹節挖通，用剛可塞進竹筒內腔去的竹枝作為第二部分的材料，然後在這枝小竹枝的底部製一個把手。把手也用跟竹筒同樣粗的竹枝製成，將小竹枝插穿在把手之上，就可拿着把手，將小竹枝塞進竹筒內腔去，只須削滑竹筒內腔，就可拉進拉出。

玩法是用小孩子寫完字的習字簿的廢紙，用水浸濕而成紙團，把紙團搓成圓粒，塞進竹筒口內，然後拿起有把手的小竹枝向竹筒口壓進去，用力向筒內一壓，於是這團紙團就像炮彈似的，從筒口射將出去，而同時發出「霹北」之聲，這就是「霹北筒」命名的由來。關於又稱「逼迫筒」，則是由於紙團塞進筒內，要用有把手的小竹枝將紙團逼迫，才能將紙團射出，是以也有人稱之為「逼迫筒」。前者是以象聲命名，後者的稱謂則聲意兼具。但小孩子不管它怎樣叫法，都通稱之為「霹北筒」。

這種玩具在玩具手槍還未發明時流行於香港，它可以說是玩具手槍的前代玩具。它所使的子彈，是廢物利用，將已用完的在學校做功課用的習字簿和抄書簿，撕出幾頁用水浸濕後搓成大紙團，然後撕出小紙團塞進「霹北筒」內，作為射擊的子

彈。製得好的「霹北筒」，可使紙團射出八呎之外，普通的也可射出三四呎，小孩子就利用這種「霹北筒」作射擊遊戲。

「霹北筒」所用的紙彈，必須用土紙才能彈得出筒口和發出「霹北」的聲音，若用洋紙則不能塞進筒嘴，而且不能彈出，這是很巧妙的設計。

由於土紙能充分吸水，而且能任意搓成紙團，當用它塞進筒嘴時，筒嘴大，而筒口略小，用筒心向裏面壓進去，使水也產生壓力，於是能射出紙團並發出「霹北」的聲音。小孩子就拿起來互相射擊，這種「紙彈」射中皮膚不會受傷，也不會痛，但它能黏在皮膚上，被射中亦不能抵賴。是以「霹北筒」是未有玩具手槍時的兒童射擊玩具，有了手槍玩具之後，才漸漸少人玩。

另外有一種和「霹北筒」相似的竹製玩具，名叫「水槍」，它的外形和「霹北筒」完全相似，也是有一枝筒心，可以拉出再壓進去的。只是「水槍」的筒口只得一個小孔，而筒心的構造亦不同，筒心是活塞，只須放在水裏，用竹筒口往水裏浸下，另一隻手將筒心拉起來，竹筒內就抽滿了水。小孩子們最喜歡用它向對方射水，筒心的活塞將水壓射出來，也能射出四五呎外的。小孩子歡喜玩水，這種「水槍」吸一筒水，射了又再吸，他們通常用一個小桶，盛滿一桶水，各據陣地，互相射擊。

「水槍」和「霹北筒」是同一時代誕生的，都是農村兒童的玩具，以流行程度來說，「霹北筒」比「水槍」流行，主要是香港經常制水，而且在早期還未有入屋水喉時，家家戶戶要去街

喉處擔水回家，食水如此珍貴，怎肯讓小孩子浪費，因此很多家長寧願買「霹北筒」給小孩子，也不買「水槍」。這種情形，在農村亦一樣。

花轎的風俗

　　早期香港有很多不用玩具的兒童遊戲，其中一種是「抬花轎」遊戲，是三個或以上兒童的集體遊戲，「抬花轎」是模仿當時常見的一種生活現象，即結婚時抬花轎和新娘坐在花轎的情形，但卻不用花轎，而只用手代之，是非常樸素而又反映生活面的一種遊戲。

　　香港早期是准許迎親花轎和迎親儀仗遊街的，小孩子聽到迎親的鼓聲便從家裏跑出來看迎親的行列。有些有錢人的迎親花轎裝扮得特別美麗，花轎外面披上錦繡轎衣，這種轎衣是用紅絹作底，繡上金線和銀線，又繡上各式的珠子，其中還有銅鈴，十分華麗。

　　在未談兒童「抬花轎」遊戲之先，應談談早期香港迎親花轎的種類和花轎的設計，以便易於瞭解兒童遊戲取材於生活現狀。當時香港的花轎，只分兩種，一種是四人抬的大轎，一種是兩人抬的小轎，一般有錢的人喜用四人大轎，上述披上錦繡轎衣的，便是四人大轎。

　　花轎是用木製成的，一般都髹上紅色的漆油，故又稱大紅

花轎。香港有專門出租花轎的店舖，稱為「儀仗舖」。儀仗舖只備兩種花轎，就是四人抬的大轎和兩人抬的小轎，同時還有其他儀仗租用。關於儀仗舖的設備，容後才詳細介紹，現在只談花轎的情形。

儀仗舖的花轎只得兩種，但可變成多種形式，變化在於轎衣。於花轎外面披上各種不同的轎衣，看起來就有不同觀感，轎衣共分五幅，以符合五福之意，轎頂是一幅，四邊各一幅，共五幅。其中最名貴的，就是金銀線珠繡的龍鳳轎衣，披上這種龍鳳珠繡轎衣的花轎，顯得特別豪華高貴。

花轎是用轎衣來裝飾它的，轎衣越多顧繡圖案就越名貴，最簡單的轎衣則是用紅布披上去。由於風俗上對花轎和新娘有很多規定，因此花轎的通風設備是特別設計的。風俗規定新娘在出嫁上花轎時，不許任何人看見她的真面目，故在上轎時，新娘的頭上要披上一條紅巾，把整個面部都掩蓋，因此上轎之後，關上轎門，外面任何人都見不到新娘的面目。

花轎的通風設備來自轎頂，轎頂有通風的小窗可流通空氣，因此新娘進了花轎之後，可把頭上的紅巾拿下來。在大暑天時，雖有通風設備，也要用這條紅巾搧風的。

另一項風俗是花轎不能在半途停下來，必須由女家上轎之後，一路順頭順路到新郎家門。若半途停轎就是不吉利的，因為古時認為女子出嫁要由頭嫁到尾，即共諧白首，若半途停轎，即等於半路出嫁。在新郎來說，這是等於說新郎會早死，女方會再嫁。這是認為半途不能停轎的原因。

無論兩人抬的轎還是四人抬的轎，都不可能由頭抬到尾

的，除非路途接近。但通常都不會乾坤二宅相鄰近的，為了避免花轎停頓，便要使用接力的方法，是以在租用花橋時，儀仗舖會為顧客計算伕力的價錢。通常「二人花轎」要聘用四名轎夫，「四人花轎」要聘用八名轎夫，抬至半途，由另外的幾名轎夫接力。因此「四人花轎」，旁邊有四名穿了制服的轎夫陪行，「二人花轎」則有兩名轎夫陪行，他們就是接力者。當抬到若干途程時，便由他們上槓，於是花轎才不會在半途停下來。

「抬花轎」前先猜拳

明白了花轎迎親的一切，就知道兒童玩「抬花轎」遊戲是依照當時現實生活見到的形式進行。他們「抬花轎」也是不半途停留的，由起點一直抬到終點。而且，也模仿着迎親花轎在路上奏樂的聲音，一邊抬一邊唱着一首歌謠。

先談談三位兒童玩「抬花轎」遊戲的方法，三位兒童先用猜「程沉剪」的方法分出坐轎的先後，這是兒童遊戲通用的分先後次序的規則。所謂「程沉剪」即是用右手做三種形態，第一種是五指張開，這個手態稱為「包」，因五指張開像一張包袱。第二種則是五指握成拳頭，這手態名為鎚，像一個鎚子似的。第三種手態是只伸出食指和中指，好像剪刀的兩邊剪口。這三種手態，剪刀遇到包袱，可把包袱剪碎，故出剪刀形手態的便勝出包袱形手態的。假若出剪刀時遇到對方出拳形時，則

剪刀會被鎚子打斷，是以出剪刀的又輸給鎚形的。至於出鎚形的遇到對方出包袱形，則因鎚子打不斷布，反而被包袱包着，故出拳的要輸給出五指張開的。這種猜拳定勝負的方法，也是源出於生活面。孩子在出手態時，一齊高呼「程沉剪」，到「剪」字說出來當刻就一齊出手勢，等於發號司令時所叫的「一、二、三」。三個兒童在猜手勢時，以兩個孩子同出一種手勢，而另一個則不同，則這個算先勝，剩下來的兩個，再猜一次，勝的是第二名，負的是第三名。最先勝出的就是最先「坐花轎」者，另兩名則為「抬花轎」者，第一名「坐」完「花轎」後，又到第二名「坐花轎」，由第一和第三名「抬轎」，到第二名「坐」完「花轎」，再輪到第三名「坐轎」，由第一和第二名「抬轎」。

「花轎」是用兒童的雙手架設而成的，兩名兒童，各將左手伸出，而將右手橫曲在胸前，用右手五指抓緊自己的左手手腕，形成一個曲尺形，然後甲的左手五指，握緊乙的右手手腕，乙的左手五指，握緊甲的右手手腕，於是就形成一個「井」字形的手架，這時甲乙兩童蹲低，這就是作為花轎的象徵。坐轎的兒童將左右腳伸到甲乙兩兒童的「井」字形手臂的兩邊，然後坐在兩人的「手井」上，這便是坐花轎。架成井形手勢的甲乙兩童一齊站起來，於是就像抬起花轎似的，那「坐轎」的雙腳離地，便有如坐在花轎之上，於是甲乙兩童，就抬着丙童，由起點向指定的終點上行去。

他們一邊抬着丙童，一邊模仿迎親時的鼓樂聲，不斷地叫道：「啲哷地哷龐，啲哷地哷龐……」等到抬到終點的時候，

抬轎的甲童和乙童就一齊叫道：「將佢拋落大板床」，說時雙手向前一拋，並且一齊鬆開緊握着的雙手，坐轎的丙童，假若不留神的話，就會被拋起，跌在地上，會把小屁股跌得很痛的。

「啲咑地咑厐」是一句擬聲的歌謠，在迎親儀仗隊裏，一定有嗩吶奏樂，也有鑼聲。嗩吶的聲音是「啲咑地咑」似的，因此兒童呼嗩吶為「啲咑」。前四字是模仿嗩吶的聲音，後一個「厐」音，是擬打鑼的聲音，因為鑼聲似「厐」字音的。

至於最後一句，「將佢拋落大板床」，則是整個遊戲的高潮，也表示已將「花轎」抬到終點。如果「坐轎」的兒童被拋落地上的話，就更加惹起狂笑。不過，通常「坐轎」的兒童都已有心理準備，到達終點時，他的雙腳已經伸到地上，待「抬轎」的鬆手，人已站定了。

「捉匿人」不是「兵捉賊」

早期香港由於缺乏兒童遊樂場，兒童只能在住宅附近的橫街窄巷內進行集體遊戲，其中如踢毽子、跳繩、拔河等遊戲，都是人所共知的。這些遊戲現時仍有小孩子玩，不必細表。這裏只談及一些現時已無人玩的遊戲，俾大家知道本港早期兒童在毫無玩具之下，如何進行遊戲。

有一種遊戲名叫「捉匿人」，其中「匿」字讀音近似於「呢」音，「人」字則讀「因」字音，故此「捉匿人」叫作「捉呢因」，

有些人稱之為「捉賊」，其實用捉賊來形容這種遊戲是不確實的。

　　一群兒童在猜拳時決定誰人做「捉匿人」者，一群孩子只有一名負責捉人的，其餘的都是被捉者。倘把捉人者名為「兵」，被捉者為「賊」，則「兵寡賊多」，不符合捉賊的社會生活面。可證「捉匿人」就是「捉匿人」，而不是兵捉賊。

　　「捉匿人」遊戲是先用猜拳決定誰當捉人者，猜輸的一名兒童，則作為捉人者，他被指定面向一塊牆壁，雙手將眼掩着，不能偷看，他口中呼着一、二、三、四⋯⋯叫到第十聲，就可以轉回頭。其他兒童在他叫到第十聲之前，已紛紛找地方匿藏起來，他在叫定第十聲之後，可以開始行動，到各處去捉拿匿藏起來的兒童。在匿藏起來的兒童被找到時，這兒童還可以發足逃走，避免被他捉住。若被他捉住了，這個兒童就要做他的替身，由匿藏者變為捉人者，即替代前一位兒童，面向牆壁，依照規則，待各兒童匿藏起來，然後去捉人。

　　「捉匿人」遊戲有幾項規則，是兒童們必定遵守的，第一項規則是捉人者在找到匿藏起來的兒童時，只須用手觸到他的身體即算捉到他。這是避免扭纏及摔倒的規則，假若沒有這規則，兒童們就會發力將捉人者摔開，少不免會扭傷及摔倒。第二是匿藏者只須跑回捉人者面壁之地，觸及那塊牆壁，即算報到。在手觸牆壁時，捉人者即使觸及他也不算捉到他，因為他等於回到原地，不屬於匿藏。

　　這種兒童遊戲無須有成年人監督，而兒童是要遵守遊戲規則的，假若有一兒童不肯遵守規則，被捉人者觸及了又說沒有

觸及，則大家認為他野蠻，即可拒絕和他遊戲，他就在一群兒童中成為一位蠻不講理的兒童，以後很多遊戲都不會讓他參加。這裏建立了一些守法和服從公斷的觀念。

有人稱這種遊戲為「捉賊」遊戲，是不知這種遊戲的起源，他們只見那個捉人者像找尋賊人似的，找到了又像追賊似的，便以為捉人者是兵，那些匿藏者是賊。在香港至今尚未有兒童傳統遊戲的研究者有系統地研究早期的兒童遊戲，致被一些人誤導，視之為「捉賊」遊戲。

在玩這種遊戲時，捉人者所面向的牆壁被認為是一個據點，匿藏者只須在跑回這個據點之時不被捉人者雙手觸及，即

「捉匿人」開始前，不妨先圍繞捉人者轉幾圈，才再尋找藏身之處。

算勝利回歸據點。他們在跑回這據點時，立即用手觸及牆壁，在觸及牆壁時高呼一聲：「周！」這一聲高呼非常重要，也成為研究「捉匿人」遊戲的焦點。稱之為「捉賊」遊戲者也是依據這一聲「周」作為「捉賊」的證據，因為廣州話有時也叫「捉」為「周」的。

從「捉匿人」遊戲中的規則和遊戲方法，可以知道這是反映珠江三角洲一帶認知的水鬼找替身的心理。首先是在大群兒童當中，只選出一名為捉人者，其餘的都是匿藏者。這位捉人者便是水鬼的化身，而他去找尋匿藏者，就更似水鬼去找替身。更相似的是捉到一位匿藏者之後，這匿藏者就代替他而成捉人者，情形和水鬼找到替身一樣。這是遊戲規則中似水鬼找替身之點。

其次是當兒童跑回據點時高聲叫「埋舟」。這是因為把舟作為據點可免被溺，反映當時在河涌或海灣游泳時，不可離開船艇太遠，要經常在舟子附近，遇到有什麼不妥時，馬上抓緊舟子就不怕水鬼找替身了，因此才會叫「埋舟」。「埋」，廣州話有「靠近」之意；「埋舟」亦即指靠近舟子。

兒童遊戲都有反映生活面的意義，因此「捉匿人」決不是反映兵捉賊，而是反映游泳時要在船邊游泳，同時以抓緊船邊為最安全，抓住船邊就不怕水鬼找替身。這是「捉匿人」遊戲流行於珠江三角洲及沿海地區的原因，香港四週都是海灣，因此亦流行這種遊戲。

在其他山區地方，兒童們甚少玩「捉匿人」遊戲，卻以玩捉迷藏為最多。捉迷藏和「捉匿人」不同，捉迷藏是捉人者的

眼睛被綁上手帕，他看不見其他被捉者，被捉者因為都開眼，反而可以在後面戲弄捉人者。捉迷藏是反映迷途者的徬徨狀態，被綁起眼睛的人陷於受窘之境，一似在山深林密中迷失方向，很難找到一個過路人問路。是以在沿海地區，玩捉迷藏的兒童極少，我曾見過香港兒童也玩捉迷藏，但常常玩到捉人者因無法抓住一人而發惡，把眼上的手帕掙脫，宣佈不再玩下去。

眼明手快的「抓子」遊戲

早期兒童遊戲中有一種名叫「抓子」的遊戲，這種遊戲是利用碎石子來作玩具，是在路邊或山邊，拾取碎石來玩的。碎石每粒並不平均，但大不會超過一枚栗子，細不細於一粒紅棗。兒童們有時為了找碎石，往往找到一塊大石，而將大石撞向其他的大石，使之碎開，撿出合適的石子。由於兒童的手掌不大，是以石子不能太大，太大則抓不起來。

「抓子」可單獨一人玩，可多至四五人玩。通常是一人先行練習，玩到純熟，然後參加集體遊戲。遊戲的方法只有一種，兒童自己先找一粒石子作為母石子，其餘的小石子作為子石子，先用右手將母石拋高，乘母石拋起時，右手立即將子石抓入掌內，然後用這隻抓到子石的手，馬上接回那顆母石。

兒童們通常坐在路邊或屋門口前的平地上進行「抓子」遊戲。由於這種遊戲是先將母石拋高，利用母石拋高未落下的一

瞬間，抓向其中一粒子石，然後立即接回那母石，故等於訓練兒童手眼的動作互相配合。倘若抓到子石而不能接回母石，則這抓到的子石便不算給他吃掉，要放回石子堆上，再拋過母石，再抓子石。總之，它是要把拋起的母石接回到掌內，才算成功。故兒童在初學「抓子」的時候，是先學拋高母石，迅即接回，等到母石越拋越高，仍能及時接回，然後才作第二步訓練，即拋高母石再抓子石及接回母石。練習到純熟了，才能跟其他兒童進行集體「抓子」遊戲。

遊戲規則另有一條，就是在抓子石的時候，手指若抓一顆石子，則不能觸及其他的子石。

兒童參加集體「抓子」遊戲的辦法是，每一名兒童，各自攜帶十粒石子入場參加，假定有四名兒童參加，每人出石子十粒，即是共有四十粒石子，他們將這四十粒石子，堆起來像一個小石山，然後用猜拳的方式，決定誰先誰後。

每一位兒童手上有一顆自己的母石，他們依預定的次序輪流拋起母石去抓子石。由於最初的時候，子石堆起如小山，故第一次通常是去拋起母石，用手將堆成小山的石子撥開，並迅速接回母石。每人將子石撥開後，於是就容易將子石抓到手上，而不觸及其他的子石了。這樣輪流拋母石抓子石，誰抓得最多，誰就要了這些子石。假若其中一人犯規，則停止抓子石一次。所謂犯規，就是在抓子石時，接不回母石，或抓子石時，觸動其他子石。假如犯規，所抓到的子石，就要放回原處。

「抓子」究竟反映了什麼呢？它反映了母親帶孩子的狀況，從前是個多子女的社會，一位母親帶十個八個孩子，自然要

「一眼關七」，眼明手快才不致於遺失孩子。因此「抓子」遊戲，一定要有一顆母石，同時在拋起母石時，抓了子石又要接回母石，這等於母子聚合，若果母石不能和子石接合，便等於母親找不回她的孩子。

兒童在玩這遊戲時，並不知這種遊戲和生活有關，但是他們在玩「抓子」遊戲時，特別注重那一顆母石。母石不能太大粒，因為太大粒的話，拋高時較吃力，而墮下時又較為迅速，必須選一粒大小適中的母石，拋起時可以拋得高一點，落下時又可緩慢一點，這才易於抓更多的子石。

兒童遊戲的傳媒

將平民的兒童遊戲傳到富有的家庭去，作為傳播媒介，除婢女外，還有多種人物。其中一種，是近身女傭。近身女傭是眾多女傭中的一種，她專門服侍一位富有太太。在早期香港富翁的家庭中，每一位姨太太，都有一名近身女傭，這位女傭在姨太太懷孕之後，對姨太太的起居飲食幫忙很大。這種近身女傭出身於平民家庭，等到這些小少爺或小小姐到六七歲時，便會教他們玩各種遊戲。因此在富有家庭中，兒童們也玩平民兒童的遊戲，其中「抓子」和「捉匿人」，都流行於富有家庭中。窮苦人家的兒童，在街道上玩遊戲，他們則在大屋內玩遊戲，兩者分別僅此而已。

除近身女傭之外，還有奶媽也是傳播民間兒童遊戲到富家中去的傳媒。奶媽分為兩類，一類是短期的奶媽，即為富家的初生嬰兒哺乳至脫奶為止，嬰兒脫奶之後即不再聘用。另一類為長期奶媽，由於嬰兒長期和她接近，因此在嬰兒脫奶後，每晚亦由她服侍嬰兒入睡。一旦奶媽離開，嬰兒即感不安，所以很多表現良好的奶媽都變成長期奶媽。她在嬰兒脫奶後仍留在主人家裏工作，除了服侍小少爺或小小姐外，多數還做針線工作。富翁的家庭人口眾多，需要很多居家所穿的便服，家裏實際上是需要一位能縫製便服的人，是以當奶媽已無乳哺嬰兒，嬰兒亦已脫奶後，這位奶媽實際上是一位針線媽，負責替富翁家裏的兒童縫製衣服，也替各人縫製便服。她出身於平民家庭，因此也把平民兒童遊戲，傳給富有家庭的兒童。這些遊戲，就成為不分階層的兒童遊戲。

貧富懸殊　玩具有異

由於「抓子」遊戲是反映母親帶子女的，因此這種遊戲，並不是只限於貧窮人家的兒童玩，很多有錢人家的兒童，也玩這種遊戲。不過，富家兒童並不是用碎石子來作玩具，他們所用的母石和子石，都是特別製造的。

富有家庭兒童的「抓子」遊戲中的子石，並不用碎石，而是用布製成。先縫成一個小布囊，大小有如端午節所配的香

囊，然後在小布囊內，放進綠豆，再將布囊口縫合，製成一個個內面是綠豆的小布囊作為子石，另以用其他顏色的布製成的小布囊作為「母石」，用這種綠豆布囊來作「抓子」遊戲的玩具。

在這裏應該談談早期富人家庭的兒童生活，早期香港富有的商人，都有自建的大屋，而每一富人，亦都有妾侍，少者有妾侍一名，多者有四至五名，都是同住在一間大屋之內。由於妾侍多，因此子女也多，在一個大家庭內，年齡相若的兄弟姊妹，常有三四人之多。這些兒童，有大婦所生，有妾侍所生，他們由於父母嚴禁外出遊戲，就只好在家裏玩耍。

「抓子」遊戲本是民間窮孩子的遊戲，怎會帶進富有家庭裏？又怎會由原本是用石子來玩的，變成用小布囊來玩呢？這中間一定有傳授這種遊戲的媒介，傳授媒介的途徑有多種。前文已經提及其中之一的奶媽，此外還有婢女。富有家庭當年家家都買些窮家女孩子作婢女，稱為「妹仔」，這些婢女在母家時玩過「抓子」遊戲，被賣進富有家庭去做「妹仔」，通常是服侍小少爺和小小姐的，她們比富家子女只大幾歲，為了討他們的歡喜，便把這種遊戲傳授給他們，但又不敢拾石子回來玩，只好縫製布囊（內放綠豆）來代替石子。

不花錢的「挑繩」遊戲

早期香港兒童遊戲中，有一種「挑欖核」遊戲，也是十分

流行的，這種遊戲和「抓子」一樣，是利用常見而容易取得的東西作玩具，即一條約四呎長的繩子。

「挑欖核」遊戲最初的形式是「挑草圈」遊戲，那是用鹹水草來玩的，其後才改用繩子。因為農村的物質短缺，繩子是極有用的東西，不輕易拋棄，只有鹹水草是不保存的，兒童隨時可以利用鹹水草來做玩具。

鹹水草的用途極廣，昔日市場上無論買什麼東西，都用鹹水草綁紮。到街市去買牛肉、魚肉、豬肉、菜蔬，到雜貨舖去買雜貨，到藥材舖去買藥材，都是用鹹水草包紮的，是以隨處都可找到。而最通行的用於綁紮物品的鹹水草，是四呎長的；凡街市、藥店、雜貨店，都是用這種長度的鹹水草的。它最適合用作「挑水草」遊戲，而玩法是很簡單的：先將一條四呎長的鹹水草的兩端打一個結綁實，形成一個大草圈，再把這個草圈套在左手和右手的尾指和拇指的指罅之間，將雙掌豎起拉直草圈。這樣，左手和右手的食指、中指和無名指的背後，就將草圈拉開了；這時將草圈向食指、中指和無名指上繞一個小圈，左手和右手都同時繞一圈，然後左手中指向右手繞指的圈子一挑，右手中指向左手的圈子一挑，再同時張開雙掌，草圈就形成一種菱形的圖案，這個圖案稱為「欖核」。與此同時，另一兒童用雙手的手指向這菱形的草圈外挑去，若挑得合規格，則草圈就會構成另一圖案。如是者，再由另一兒童用雙手的手指挑向草圈，如挑得合法度，草圈又會變成另一圖案。

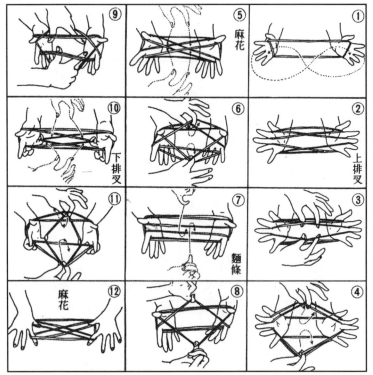

五款「挑繩」遊戲的玩法

你猜猜這是什麼圖案？

源於生活　反映生活

　　「挑草圈」另有一種具有多種名稱的圖案，在香港的兒童，稱之為「大海」。這個草圈圖案是一個長方形，外面是兩條線，旁邊是一條線，形狀很像一個大海似的。但在廣州方面，則叫這個圖案為「行棉胎」，因為這個圖案和「行棉胎」的情形相似。棉胎是平放在地上，用線將棉花聯起來。廣州話稱有秩序地用線一行一行聯結起來為「行」。這個字唸「商行」的「行」字音，表示用線一行一行地排列。這個圖案極似將棉胎放在地上用線來聯結一起，故名「行棉胎」。

　　在一些地區的兒童，則將這個香港兒童稱為「大海」的圖案名之為「麵條」。在吃麥的地區，家庭常搓粉製麵條來吃。將麵粉加水開麵時，要先將麵壓成一塊長方形的麵條，經多次反覆壓動，麵裏的筋才能使麵條爽滑。這個圖案是一個長方形而無叉線，仿似製麵條時所必經的程序，是以名為「麵條」。「大海」、「行棉胎」、「麵條」這三種稱謂，完全反映生活面。就是說，在香港，兒童因為常常到海邊看見對岸九龍的岸邊，九龍的兒童也常常看見香港的岸邊，所見的是維多利亞港的港口，他們就聯想到這個圖案似港九之間的「大海」。廣州兒童看見「行棉胎」的情形多於看見大海，看見這個圖案和「行棉胎」相似，遂以此命名。福建一帶包括台灣在內吃麵條的人家較多，看見草圈上的圖案似壓麵條時把麵粉放平而成長方形，便聯想到麵條來。兒童遊戲和生活有關，除了因遊戲本來是一種生活

之外，還有很多和生活聯想有關。利用鹹水草來玩遊戲，足見我們的生活在窮困時期已是多彩多姿的，再加上草圈所形成的圖案而起的聯想，便使它更富生活氣息。

「挑欖核」遊戲所形成的圖案，大致上有下列多種：第一種名為「帆布床」，將欖核形的草圈圖案按一定的指法去挑，就會變成另外一種圖案，這種圖案的形狀很像一張帆布床，它上面有四條線，下面有兩個交叉的線條，如同一張帆布床張起來的樣子，故名叫「帆布床」。這一個圖案，各地有各地的不同叫法，在香港稱這個草圈圖案為「帆布床」；在廣州稱為「鑼鼓架」，因為它也像舞台右邊的音樂師用來放鼓的竹架一般；台灣的兒童則叫這種圖案為「上排叉」。

從各地對這種圖案的叫法，可知兒童遊戲完全是反映生活狀況，生活上有什麼東西的形狀相似，就用它來命名。香港地狹人多，帆布床是一種活動的床，晚上張開，早上起床後可以將它摺起，這是兒童常見的東西，故而名為「帆布床」。在廣州，帆布床較少用，但卻常見鑼鼓，故對於用來放鼓的竹架有印象，看見草圈圖案似這個竹架，便稱為「鑼鼓架」。至於台灣的兒童稱之為「上排叉」，卻反而不能反映生活面，因為有另一個草圈的圖案和這個圖案相似，而它的線條是向下的，稱為「下排叉」，與這個圖案的交叉線條向上相對照，故稱為「上排叉」。

由「欖核」變成「帆布床」的挑勾法，是用左手的食指和拇指放在菱形的上交叉線上，右手的食指和拇指放在菱形的下交叉線上，然後一齊向外面兩條線一翻，便成為帆布床形，這

種翻法，又稱為「翻鼓」，因翻過來即成鑼鼓架形。

將「大海」這種圖案用手指去挑翻，又成另一種圖案，這種圖案稱為「交椅」。

挑「大海」的方法，是用左手和右手的尾指，將「大海」中兩條單線勾着，向反方向勾到雙線的邊緣，然後用拇指和食指向雙線邊緣處翻起，即成另一圖案，這圖案名為「交椅」。

「交椅」因為中間的交叉線是由左右手的尾指勾着而成，故和上一種「帆布床」的圖案略有不同，看起來就似一張「交椅」。「交椅」的圖案有另一個名稱，稱為「馬閘」。「馬閘」是一種半臥式的交椅，在香港早期流行，用帆布床結構製成，亦可摺合起來放在牆邊。它的形狀似一種可搖動的「懶佬椅」。這兩種稱呼，都是由生活常見的器物聯想而來的，有人認為它像交椅，便名為「交椅」，認為似馬閘，就名為「馬閘」。

現時香港的帆布床和馬閘已經不是從前的結構，從前帆布床和馬閘是用木料作支架，而且是交加結構。現時帆布床已用尼龍布所取代，而支架亦不用木料，因此也不作交加結構，而是用鋼管來作支架，不作交加形而作曲尺形。因此若對兒童們說這種圖案似馬閘，他們是無法明白的，原因是他們已看不見馬閘的形狀，但是說它為交椅，則仍可以理解，原因是現時仍有一種鋼製的交椅，是可摺合的，這種鋼具交椅的椅腳，仍用交加式作支撐，這種圖案形狀依然有點像那種交椅，故用「交椅」來稱呼這一圖案似較為適宜。

橡皮圈發揮兒童創意

　　另一種兒童遊戲始於三十年代，它就是利用橡皮圈來作玩具的遊戲，通稱為橡皮圈遊戲。

　　三十年代開始，南洋的橡膠大量生產，使很多商品改變了它的原始面貌。它是現代可塑物的先驅物質，橡膠可製成膠鞋、膠靴，又可製成車輪的內外輪胎，改變了人力車、自行車及汽車的面貌。其中，橡皮圈亦代替了鹹水草綁物的方法。因此在三十年代，由於商場上大量使用橡皮圈，兒童們便利用橡皮圈創造他們自己的遊戲天地。

　　從橡皮圈的被利用作遊戲用具，可見有很多兒童遊戲是出自兒童的創意力，而非由家長引導兒童而成的。在橡皮圈出現的時代，兒童的父母還未見過橡皮圈，當年的兒童的父母，在其兒童時未曾玩過橡皮圈遊戲，是以不可能由父母將這種遊戲傳給兒童。它是由兒童的創意力創造出來，是毫無疑問的。

　　橡皮圈遊戲分很多個時期，和橡皮圈的流行情況完全相配合，亦即和社會以及生活相配合的。現在先談談第一期的橡皮圈遊戲。

　　第一期的橡皮圈遊戲只利用一個橡皮圈來玩耍，可見是橡皮圈流行初期用來代替鹹水草所玩的遊戲。由於購物時使用橡皮圈不多，故用之作遊戲亦十分珍惜，只用一枚橡皮圈來進行遊戲。當時流行的玩法是射擊遊戲。兒童利用橡皮圈有彈性的特點，於是以橡皮圈作為射擊的彈簧，將「子彈」射出去。

他們首先將廢紙摺成小長方塊，再把紙剝開一片片，然後將紙片摺成曲尺形，作為紙製的子彈，再放在橡皮圈上，拉開橡皮圈，把紙子彈射出。

使用橡皮圈作射擊遊戲，方法是先將橡皮圈放在右手的食指與拇指之上，把食指和拇指張開，這樣拇指和食指便形成一個丫杈的形狀，然後將已摺成曲尺形的小紙條用左手把它放在右手食指與拇指之間的橡皮圈上，左手緊拿着紙條，向內用力拉着橡皮圈。這時，便像拉弓射箭似的，只須左手一放，手上的紙條就會向前射出，射程的遠近，在於橡皮圈的彈性是否足夠、紙子彈的大細是否適度，還有拉橡皮圈時的技巧等等。玩得純熟時，射程遠，而射向目標又準。

兒童利用橡皮圈射出紙製的「子彈」，有時是作比賽之用，即在「子彈」能射

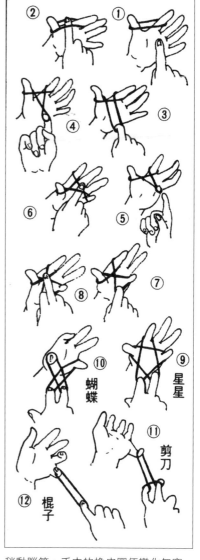

稍動腦筋，手中的橡皮圈便變化無窮。

到的範圍內，放一個空的香煙盒子。三十年代，香港出品的香煙，大部分是十枝裝的硬紙盒包裝的香煙。這些香煙空盒子，是可隨處拾到的廢物。他們把空煙盒豎在地上，然後在一定的距離處，用紙彈射向這個煙盒，以把煙盒射中而又把它擊倒為勝。這是屬於射擊比賽的一種。

　　另有一種是互相追逐射擊的遊戲，即是幾個小孩子，用紙彈來互相射擊。紙彈射到皮肉上，並不很痛，但也有一點痛的感覺。當時西營盤的兒童，在第三街和第二街之間的橫巷上追逐射擊，頗有點打巷戰的味道。他們也是玩得很開心的，但有時這些紙彈失去控制，射到兒童的眼睛來，就會引起不愉快。

　　等到橡皮圈的使用率大量增加時，射擊遊戲又開始改變，小孩子不用紙彈來射擊，而使用橡皮圈去射擊。這種射擊技巧，很多成年人都不懂得，純然是兒童自己創造出來的射擊技法，他們玩得很靈巧。

橡皮圈配上丫杈，是小朋友的犀利「武器」。

競賽性質不算賭博

　　不用紙彈只用橡皮圈射擊的技法，是用右手拿着橡皮圈的一端，用左手拉開橡皮圈的另一端，然後一齊放手，使橡皮圈向前射出去。這種射擊技法，兒童玩得純熟時，可將橡皮圈彈射得很遠。但是成年人想學他們這種技法，卻常常學半天也學不上手。而且也不容易彈射得很遠。可見兒童是創造這種遊戲者，而非成年人創造出來再指導兒童玩的。

　　兒童們用橡皮圈彈射遊戲，玩法有多種，有一種是鬥射得遠。拿起橡皮圈，向一個方向彈射出去，看誰的橡皮圈射得最遠，射得最遠的便勝出，勝者可以吃掉其他的橡皮圈，代表輸者就連橡皮圈都輸給了對手。

　　這樣，彈得遠的，就常常贏很多的橡皮圈。有人認為這種遊戲跡近於賭博，尤其是在三十年代的教師，對兒童彈橡皮圈比賽的這種遊戲方式，多以非議的態度去評論它。這是不很正確的觀念。須知任何一種競賽式的遊戲，都有勝負之分，勝者得到獎勵，負者接受懲罰，是競賽遊戲的不二規則。如果勝利者得不到獎勵便無從鼓勵兒童爭取勝利的心理，亦難以鼓勵他們有好的成績。彈射橡皮圈遊戲，勝者贏取敗者的橡皮圈，只是對競賽的勝利者的一種獎勵，並不是一種賭博行為。

　　在所有的競賽遊戲中，冠軍、亞軍、季軍都有獎品，難道這又是賭博？獎品的購買，是來自各隊的報名費，競賽失敗，什麼都得不到，難道就說他們輸了報名費麼？因此兒童的彈射

橡皮圈遊戲，勝者贏得了輸者的橡皮圈，不能簡單地指為賭博，而是一種競賽性的遊戲。

彈射橡皮圈遊戲的另一種玩法，和射紙彈遊戲相同，是互相追逐射擊，但這種遊戲並不十分流行，原因就是只靠橡皮圈自身的彈射力，比射紙彈為弱，故不為兒童所喜愛。

三十年代，香港的衛生情況比現時是差很遠的，隨處都可見到蒼蠅。其中西營盤的橫街窄巷，也是隨地都有蒼蠅的。由於周圍環境的影響，兒童用橡皮圈射蒼蠅，亦成為一種遊戲。方法是很簡單的，他們等待蒼蠅伏在地上時，即悄悄地走近，拿起橡皮圈向蒼繩射去，橡皮圈的射擊力，在近距離是較大的，可把蒼蠅射倒地上，他們便以射倒蒼蠅為樂。

戰後，橡皮圈售價雖然低廉，但兒童尚未能購買大量橡皮圈作遊戲之用，原因是那時一個銅仙可作多種用途。雖然一個銅仙可以買到五十個橡皮圈，但是一個銅仙，可買到一碗紅豆粥吃，亦可以買到一塊大餅來吃。那時仍是一個貧窮的社會，兒童營養不良，父母的入息低微，每天只能給兒童一個銅仙作零用。兒童拿着這個銅仙，自然要選擇其用途，在面對吃和玩兩項選擇時，他們多數選擇吃這方面。因此把零用錢用於購買橡皮圈仍是不多的。由於父母購買物品時常有橡皮圈帶回來，有時隨父母去商店購物，商店有橡皮圈的，他們也可以向商店夥記索取幾個。因此，兒童花零用錢購買橡皮圈，在戰前是不多的。

魯 金 作 品 集

策劃編輯　梁偉基
責任編輯　張軒誦
書籍設計　陳朗思
書籍排版　曹柏寧　吳丹娜

書　　　名　港人生活望後鏡
著　　　者　魯金
出　　　版　三聯書店（香港）有限公司
　　　　　　香港北角英皇道四九九號北角工業大廈二十樓
香港發行　香港聯合書刊物流有限公司
　　　　　　香港新界荃灣德士古道二二〇—二四八號十六樓
印　　　刷　美雅印刷製本有限公司
　　　　　　香港九龍觀塘榮業街六號四樓 A 室
版　　　次　二〇二三年二月香港第一版第一次印刷
規　　　格　特十六開（145×210 mm）二〇〇面
國際書號　ISBN 978-962-04-5054-9
© 2023 三聯書店（香港）有限公司
Published & Printed in Hong Kong, China.